Letteratura

Romano Bilenchi
*Anna e Bruno*

© 1996 by E d C - Lupetti/Piero Manni
Letteratura
In copertina: *La strada di Anna e Bruno*,
disegno di Romano Bilenchi
(riprodotto anche a pag. 27)
Foto di retrocopertina: Giovanni Giovannetti

Editori di Comunicazione S.r.l.
Viale Monza, 111 - 20126 Milano
Tel.0039-2-26110115 - Fax 26110320
E—mail: dream 26@ pn.ITnet.it

Piero Manni
Via Braccio Martello, 36 - 73100 Lecce
0039-832-315929/fax 314834

Distribuito nelle librerie da Messaggerie Italiane Libri S.p.a.

Romano Bilenchi

# ANNA E BRUNO

Rami di un romanzo inedito

a cura di Giuseppe Polimeni

# INDICE

7. Il ramo non finito della verità

    Anna e Bruno
- 23 Capitolo I
- 45 Capitolo II
- 73 Capitolo III
- 101 Capitolo IV
- 114 Note
- 117 Nota al testo

Romano Bilenchi, 1952, nella redazione de "Il Nuovo Corriere"

# Il ramo non finito della verità

«Almeno fammelo riscrivere» gli dissi. «È la prima stesura.» «Ti conosco» disse Elio. «Se lo riscrivi lo trasformi o lo getti via.» Piegò le cartelle, se le mise in tasca e aggiunse: «Non te lo rendo». Non volle nemmeno che correggessi le bozze. Era *Anna e Bruno*, ed era il luglio del 1937[1].

Per questa piccola e fortunata violenza di Vittorini, il racconto *Anna e Bruno* finisce sulle pagine di "Letteratura" nel 1937 e di qui, senza alcun intervento, nell'edizione Parenti dell'anno successivo. Sarà di nuovo stampato, ma con locali modifiche, per i tipi di Vallecchi nel 1958 e da Rizzoli nel 1989 con ulteriori varianti. Questo il destino di un racconto che accompagna la vicenda di scrittura di Romano Bilenchi, a dimostrazione che la pagina viene concepita dall'autore come campo di ricerca continua e di inesausta verifica.

Si potrebbe studiare la variantistica delle quattro edizioni per comprendere da cosa partiva e verso dove andava la prosa dello scrittore di Colle Val d'Elsa, ma ancora più affascinante di ciò che i lettori possiedono da anni, è destinato a rivelarsi il materiale custodito in una cassaforte del Fondo Manoscritti di Pavia. Si apre anche per queste carte, fino ad oggi in gran parte inedite, la via al pubblico, con l'intento di svelare il destino di dolore e ripensamenti che spesso si nasconde nel laboratorio di un'opera.

Insieme al vastissimo epistolario, le casseforti pavesi custodiscono, in seguito a donazione di Maria Bilenchi, 170 fogli manoscritti e 190 dattiloscritti in cui sono testimoniati i tentativi di costruire il romanzo a partire dal racconto *Anna e Bruno*. L'analisi di Maria Corti[2] e il successivo studio di chi scrive hanno permesso di stabilire, sulla base di rimandi testuali e variantistici, che le stesure sono collocabili tra l'edizione Parenti e la stampa Vallecchi. A supporto di questa tesi vengono prodotte anche diverse prove extratestuali: è l'autore, infatti, a indicare un *Anna e Bruno* "di 150 pagine, ampliato e praticamente trasformato in romanzo"[3], ma distrutto durante la guerra dalla furia dei soldati marocchini e tedeschi nella casa di Colle Val d'Elsa. La sfortunata vicenda bellica non dovette porre fine ai tentativi di ampliare il racconto, se in una lettera a Valentino Bompiani del maggio 1946 Bilenchi fa riferimento a un "romanzetto" *in fieri* e a quanto sia "penoso riscrivere cose già fatte", forse in relazione ai fogli dispersi durante la guerra. Alla fine di quell'anno la stesura risulta composta per tre parti, ma si dovrà attendere il 1949 perché l'autore la dichiari conclusa, senza però che l'opera passi alle stampe[4].

Le fasi redazionali del romanzo, suddivisibili in cinque blocchi manoscritti e cinque dattiloscritti, mostrano l'aspetto di un laboratorio in cui sono messi a nudo l'umanità della scrittura, i silenzi e i rimorsi della pagina. Dal momento che Bilenchi, come precisa egli stesso[5] e come testimonia Maria Corti, era solito copiare a macchina i manoscritti che giudicava completi, si è ritenuto opportuno individuare tra le redazioni dattiloscritte il testo che in misura maggiore manifesta il respiro del romanzo.

Il frammento che proponiamo all'attenzione dei lettori rappresenta un ampliamento degli episodi in nuce nel racconto del 1937-38 da cui discende attraverso redazioni intermedie. La stesura, monca dei primi fogli e di quelli conclusivi, mostra una netta divisione in tre parti già evidente nell'edizione a stampa: il soggiorno in villa (capp. I-II), la malattia e la morte del padre (capp. II-III), la vita in città (cap. IV).

L'analisi comparata dell'edizione Parenti e del frammento mette in evidenza che tra le redazioni non interviene soltanto un semplice ampliamento delle sequenze, ma vengono apportate anche modifiche strutturali al sistema dei personaggi: attenuata risulta l'intesa tra madre e figlio nel romanzo, meno intenso il legame dei due personaggi con la campagna circostante che nell'edizione Parenti era stata partecipe dell'idillio.

Una breve ma intensa consonanza di pensieri ed emozioni nasce tra Anna e Bruno con le passeggiate al paese marino, dove la famiglia dimora per qualche tempo durante la malattia del babbo. Nella sequenza, scritta *ex novo*, madre e figlio osservano il fiume che entra nel mare, colpiti dalla furia degli elementi, sopraffatti dal presentimento dell'imminente disgrazia. Solo la natura pare unirsi ai protagonisti in questo momento di solitudine che lascia presagire la morte: pochi attimi dura però l'accordo tra la donna e il bambino, rotto dall'atteggiamento scontroso di Anna.

Fa da contrappunto alla difficile intesa di madre e figlio l'esclusione di Bruno cui contribuisce in maniera determinante, con il ruolo di principale artefice, il babbo. La "vivacità"[6] che nel racconto Bilenchi attribuiva alla figura paterna stilizzata, è nel romanzo fatta oggetto dell'analisi inquisitoria del bambino: impegnato tra il lavoro, gli scherzi ad Anna e i preparativi per il ballo, il padre smette di essere "immagine labilissima"[7], quale era apparso nell'edizione a stampa, e acquista invece la consistenza del personaggio e il ruolo dell'antagonista, chiaramente individuato da Clelia Martignoni nelle narrazioni bilenchiane di quegli anni[8]. Al binomio Anna-Bruno del racconto, il romanzo sostituisce quindi un nucleo di tre personaggi che ruota intorno al travagliato rapporto di amore e odio tra le figure maschili.

I luoghi della memoria, campagna e città, poli entro cui si svolgeva l'esperienza letteraria neorealista, sono separati e messi in evidenza in queste pagine da un evento che stabilisce in modo definitivo l'inconfessabile amore del bambino per la madre e l'ostilità nei confronti della figura paterna. Centrale infatti nel frammento, per importanza, oltre che per posizione, appare l'episodio della malattia e della morte del babbo durante il processo di progressiva liberazione dall'ombra dell'avversario d'amore. Questa sequenza, già pubblicata da Maria Corti sulla rivista "Autografo"[9], rivelerà al lettore i tratti del "nodo di avvenimenti" che la critica non ha rinvenuto nel racconto edito[10].

Alla morte del padre, soltanto accennata nell'edizione in rivista, è dedicata nel frammento una drammatica sequenza in cui non vengono risparmiate la narrazione dei tragici istanti finali e la descrizione del cadavere. Anche l'arrivo in città della madre e del figlio è immerso nell'atmosfera del recente evento funesto, dal momento che alla stazione Anna, la suocera, Fabbri e l'amico del babbo discutono accesamente per una ragione che lasciamo al lettore di scoprire. È paradossale e al tempo stesso significativo che una sequenza tanto rilevante, assente nella redazione 1937-38, non sia stata in seguito inserita nelle edizioni del 1958 e del 1989.

Se dietro *Anna e Bruno* si cela un sentimento autobiografico e un "coinvolgimento personale dell'autore"[11], il rifiuto di dare alle stampe questa redazione lascia intendere quanto dolore possa essere costata l'ammissione e al tempo stesso testimonia l'umanità di una cesura che intendeva far tacere la memoria.

Il problema del complesso variantismo di Bilenchi ruota quindi intorno al rapporto tra memoria e scrittura, e all'inesausto movimento che indaga e approfondisce la realtà affiorata dai ricordi. Se la tensione verticale diretta al cuore delle cose attribuisce allo scavo bilenchiano i tratti della *recherche*, il procedimento di scrittura e correzione dimostra invece che, diversamente da Proust[12], lo scrittore toscano opera sistematicamente di lama, sfoltisce anche là dove il ramo appare ormai completo. Spesso

11

la memoria e la scrittura, in qualità di strumento della memoria, si rivelano dolorose: soltanto il laboratorio del romanzo, intreccio di elementi nuovi e sequenze invariate, ha testimoniato ai nostri occhi e mostrerà al lettore quale complesso mezzo di conoscenza e ri-conoscimento del mondo Bilenchi rinvenga nella narrazione. L'analisi di alcuni accorgimenti stilistici, comuni al racconto e al frammento di romanzo, svelerà le ragioni profonde dei tentativi e dei ripensamenti affidati alle carte pavesi.

> Bruno aveva cominciato ad amare Anna, sua madre, per una strada di campagna.

Nel succedersi senza sosta di ripensamenti e progetti, tra edizioni e stesure diverse, l'incipit di *Anna e Bruno* resiste alla furia "nevrastenica" del cambiamento stilistico[13]. Il lettore crederà così che l'inizio sia stato rinvenuto tale e quale in un angolo remoto della memoria per la felice intuizione con cui l'autore scopre creando. E presto si accorge invece che si tratta di un sapiente stratagemma del regista perche l'occhio rimanga intrappolato, dalla prima frase fino all'explicit vincolato al testo senza possibilità di fuga. Già durante la prima giovanile lettura dei racconti di Bilenchi, Mario Luzi avvertiva un senso di ''soggiogamento''[14] che interpretò in qualità di sottomissione alla dimensione temporale dell'evento.

*Bruno aveva cominciato ad amare Anna*: aprendo l'orizzonte di attesa, l'incipit prefigura un'epoca della narrazione, che il tempo passato dice oggi conclusa, e di conseguenza trascina il lettore nel vortice della scrittura fino all'ultima riga, senza lo spazio di un respiro, anche là dove la tensione s'allenta nella descrizione della campagna.

La magia consiste in questo iniziare del racconto che passa sotto normalità l'evento, l'amore del figlio per la madre, nascosto dietro la semplicità del *cominciare*, che potrebbe dirsi di un'azione qualsiasi, e dentro la quotidianità di *una strada di campagna*. Apparirà allora calcolato dal regista anche il movimento con cui l'occhio è costretto a tornare sui suoi passi per rileggere, impressionato dalla naturalezza con cui scorre l'evento che scuote.

E tutto sarebbe normale, ma anche meno coinvolgente, se per assurdo l'autore avesse dimenticato o il lettore provasse a coprire le parole collocate tra le virgole, come tra parentesi: *sua madre*. Paradossale, e per questo ancora più affascinante, che un particolare di tanto rilievo venga affidato ad una frase incidentale, lasciato cadere tra altre notizie, con la stessa *nonchalance*. Di qui, dopo il picco, il racconto riprende con l'andamento sereno, ma sempre sostenuto che caratterizza la prosa descrittiva di Romano Bilenchi. Nella pagina però si è aperto un varco attraverso il quale il lettore ha visto al di là e *oltre*, scorgendo per un attimo nell'incidentale, che pare per "accidente" inserita nella frase, l'abisso e la profondità dell'inconfessabile, dell'attrazione taciuta.

Prima ancora di rappresentare lo spazio d'intervento del narratore la finestra è il luogo della verità, in cui Bilenchi dice il nascosto, confessa l'indicibile. La brevità e la forza lapidaria della frase, che lascia intravvedere un flusso sotterraneo di sentimenti e di pensieri, agiscono da contrappunto nella memoria del lettore durante il corso della narrazione. Scoperta dietro la dimensione del tempo presente una ragione nascosta delle cose, chi legge è costretto a pagare per intero, fino alla conclusione del racconto, il pegno di sottomissione al *sentimento dell'abisso*.

> Essi restavano così, felici come dopo una riconciliazione da lungo tempo desiderata, finché il sole, già lontano nel cielo, non calava verso il tramonto.

Anche il frammento di romanzo testimonia che attraverso brevi finestre tra virgole Bilenchi squarcia il procedere serrato della scrittura e lascia scaturire dalla ferita un'espressione del paesaggio, l'essenza del racconto: la narrazione degli eventi nasce sul reale, lentamente e con dolore affiorato dalla memoria, la voce di Bilenchi risale invece dal profondo delle cose, da un luogo imprecisato in cui l'autore parla.

Due perciò sono i piani su cui si svolge la prosa bilenchiana: la memoria spogliata fino a divenire il presente del personaggio; la verità che la voce svela e la sapienza del regista lascia intravvedere dietro una trasparente consistenza delle parole.

L'equilibrio della narrazione si stabilisce tra questi due poli, tra la realtà della memoria e le ragioni che la governano, bilanciati con perizia in maniera che un piano non soffochi quello adiacente. Questo il segreto di una prosa che nel muro variopinto della quotidianità apre la finestra sull'abisso dei pensieri, dei desideri nascosti alla coscienza. La similitudine della costruzione e dell'edificio viene sovente richiamata da Bilenchi, alla pari di altri autori-artefici che creano e smontano il testo:

> Mi ha sempre avvinto scrivere come se uno dovesse costruire un muro i cui mattoni fossero le parole: una accanto all'altra, alla distanza più ravvicinata possibile. La mia voce di narratore non ha che quello spazio per poter filtrare.[15]

Che la scrittura sia muro non stupisce: da questa parte il lettore vede il reale della narrazione, di là intuisce le ragioni profonde del mondo e delle parole. Strano narratore però Bilenchi che avvicina i mattoni, ma non li congiunge, col rischio che tutto crolli. Risparmia piccole finestre, lascia spifferi e varchi alla sua voce, dedica spazio alla complicità con il lettore. Il vuoto, per piccolo che sia, è fisiologico ad una prosa che nell'attimo di un soffio motiva le ragioni della lettura, la rende coinvolgente per una serie di piccoli mancamenti nel procedere delle descrizioni.

Così, seguitando la metafora della costruzione, si troverà che l'edificio, costruito su fondamenta salde, ma con minimi vuoti tra pietra e pietra, con difficoltà può resistere: un'ardua stabilità avrà il testo in cui voci e spifferi entrano a mettere in discussione l'esistente. La costruzione bilenchiana, sopravvissuta al terremoto recato da un soffio, ha l'aspetto di ciò che resta di un edificio costruito e rifatto.

Questa è la traccia nel testo definitivo del variantismo di Bilenchi che interviene "frenetico" tra una stesura e l'altra, senza sosta, con le maniere di un intervento strutturale anche quando si tratta di una minima sostituzione. Il fitto lavoro correttorio, che i manoscritti pavesi testimoniano, va imputato non certo a indecisione, ma all'urgenza di porre un mattone e all'immediata necessità di levarlo per evitare un crollo, piccolo o grande che sia. Il processo di costruzione e distruzione riguarda l'intervento minimo, ma coinvolge anche intere stesure, scritte e poi rigettate.

Le carte di *Anna e Bruno*, custodite al Fondo Manoscritti, attestano questa tendenza che trova consapevole riscontro nelle dichiarazioni dello scrittore:

> Scrivere tutto e togliere tutto, come disse, mi pare Cechov.[16]

Gli autografi bilenchiani di Pavia dimostrano un potente slancio alla creazione, l'incontenibile tensione a riempire la pagina bianca. E di contro, ma quasi nello stesso momento, la drammatica furia divoratrice, motivata dall'urgente necessità di sfrondare e tagliare per ridurre all'essenziale, a ciò che è visibile con nitidezza, dietro una "trasparenza di vetro"[17].

Alle spalle di questi rifacimenti è sempre evidente un controverso rapporto con la memoria per un autore che mostrava un'oralità abbondante e una scrittura invece essenziale, stilizzata: chi conobbe Bilenchi amò in lui il narratore di episodi autobiografici riferiti con dovizia di particolari, ma constatava per contro una narrazione letteraria dallo stile "prosciugato"[18].

Dopo che tutto è stato scritto e tutto levato, le cose appariranno sul muro della prosa tali e quali sono, ma dovrà pure intravvedersi la verità, la ragione profonda degli eventi. È forse utile allora pensare alla pagina bilenchiana come a un intreccio di segni possibili, di eventuali strade di scrittura, e alla scrittura come allo scalpello che sveste di queste possibilità fino a liberare la frase e dietro di essa il mondo qual è.

Il laboratorio di *Anna e Bruno* non conosce un solo movimento, ma tanti inseguimenti senza sosta per pagine e pagine verso una conclusione che spesso non arriva. Le carte pavesi provano che ogni tentativo di raggiungere il romanzo rappresenta il ramo di una ricerca, una *quête* diversa con nuove soluzioni alla vita dei personaggi e alle scelte stilistiche dell'autore, sovente introduce una dinamica differente per il rapporto tra narrazione e verità. Ad un tratto, dopo aver scritto per un intero *block-notes*, lo scrittore abbandona la strada, la lascia in sospeso, spesso distrugge i fogli. Il lavoro seguita con un nuovo tentativo, magari dopo anni, durante i lunghi tempi di scrittura e i silenzi editoriali di Bilenchi:

> Quindi: scrivo a mano una prima volta, poi riscrivo sempre a mano buttando via la prima stesura

perché non ci devono essere pentimenti. Poi ricopio a macchina con ben pochi interventi. Ogni edizione, poi, è una revisione, o quasi. In generale, ogni correzione serve a spiegare meglio ciò che si voleva dire, a rendere i periodi più lucidi e precisi.[19]

"Scrivere tutto e togliere tutto" esprime l'essenza dei tentativi di creare un romanzo dal racconto. È un movimento drammatico, ma necessario, tra il Tutto e il Nulla, tra la parola e il silenzio. Il lettore si accorge di questo rischio, anche quando non abbia sott'occhio le stesure del romanzo, ma nel frammento che proponiamo scoprirà il fragile equilibrio, che permette alle parole di restare sulla pagina, e i ripensamenti che hanno preceduto la stesura definitiva.

Il ramo di questo frammento di romanzo termina nel silenzio, dal momento che la redazione non sarà mai pubblicata, ma il tentativo verso la verità non è fallito, ha trovato nell'atto stesso della scrittura pieno compimento e completezza. Perché la verità, direbbe Bilenchi con Cartesio, consiste nella ricerca, nel dubbio che tutto distrugge e risparmia soltanto il fondamento dell'esistente e del pensiero. Al contrario di certo barocco novecentesco che nell'abbondanza esprime l'idea della morte, la scrittura essenziale di Bilenchi spoglia della caducità le cose e le riporta alla vitalità del seme. Fa parte della scrittura la distruzione, come la selezione tra i viventi.

Questo deve dire al lettore due cose.

Primo, il testo che si legge nelle quattro edizioni a

stampa fino ad oggi conosciute è "scabro ed essenziale" come il ciotolo che ha resistito al mare del mutamento. È, né più né meno, l'essenza della memoria e della verità.

Secondo, la scrittura di Bilenchi non si vede: rappresenta il tentativo di arrivare alla voce della verità attraverso la variante, il cambiamento.

Così dell'osso di seppia ci importa che sia scampato alla furia delle onde, ma al tempo stesso ci attira il mare che lo ha risputato, l'idea del movimento cui è sopravvissuto. Le opere di Bilenchi rimandano al dinamismo del suo laboratorio, al lavoro che precede e a quello che segue la stampa.

Perciò abbiamo salvato in questa edizione una stesura intermedia, con il risultato di bloccare l'onda l'istante in cui arriva alla spiaggia, prima che torni a confondersi. Nelle pagine del romanzo il muro è colto in un momento di slancio costruttivo, di altezza e solidità. La pienezza non sempre dice serenità, esprime anzi nel frammento il dolore della memoria che scava dove il tempo era riuscito a coprire.

La scrittura bilenchiana, alla pari delle sculture michelangiolesche, scioglie dalla pagina un *non finito* che illumina soltanto in parte il respiro dell'opera e lascia la vicenda così abbozzata nella cassaforte del Fondo Manoscritti di Pavia. In questo tentativo di romanzo il lettore troverà lo sperimentalismo della prova e la compiutezza della ricerca che nel cammino, attraverso il processo della creazione non conclusa, lascia intravvedere a un passo, ma irraggiungibile, la verità.

Giuseppe Polimeni

# Note

[1] R. Bilenchi, *Amici*, Milano, Rizzoli, pp. 120-121.

[2] Un primo e approfondito studio delle stesure di *Anna e Bruno* custodite al Fondo Manoscritti dell'Università di Pavia si deve a M. Corti in *Nascita e crescita di un romanzo inedito*, in "Atti del Convegno di studi *Bilenchi per noi*", Firenze, Vallecchi, 1992, pp. 122-130; un ulteriore contributo di M. Corti si trova nella *Nota* a *Un romanzo inedito di Romano Bilenchi*, in "Autografo", n. 28/29, ottobre 1994, pp. 130-132.

[3] F. Bagatti (a cura di), *Un autoritratto attraverso le interviste*, in *Appendice* a R. Bilenchi, *Due ucraini e altri amici*, Milano, Rizzoli, 1990, p. 129; si veda a tale proposito anche la puntuale cronologia tracciata da M. Corti in *Nota*, cit., p. 130.

[4] La corrispondenza tra Romano Bilenchi e Valentino Bompiani è in parte riportata da M. Corti in *Nota*, cit.; utile a stabilire la cronologia della scrittura e delle pubblicazioni negli anni 1946-1956 risulta il contributo di M. Depaoli, *Altri dialoghi, Per una biografia attraverso le lettere a Romano Bilenchi*, "Autografo", n. 28/29, ottobre 1994, pp. 64-76.

[5] F. Bagatti (a cura di), *Un autoritratto*, cit., p. 127.

[6] R. Bilenchi, *Anna e Bruno*, "Letteratura", n. 3, luglio 1937, p. 52: l'autore parla anche di "spensieratezza" e "irrequietezza" del babbo che si manifestano con molta evidenza soltanto nella stesura del romanzo.

[7] A. Macrì Tronci, *La narrativa di Romano Bilenchi*, Firenze, Vallecchi, 1977, p. 84.

[8] Si veda a tale proposito l'avvincente analisi di *Mio cugino Andrea, Il processo di Mary Dugan, Un errore geografico* propo-

sta nel contributo di C. Martignoni, *Modi della narrazione in Bilenchi*, "Autografo", n. 28/29, ottobre 1994, pp. 5-16.
[9] M. Corti (a cura di), *Un romanzo inedito di Romano Bilenchi*, "Autografo", n. 28/29, pp. 103-132.
[10] A. Macrì Tronci, *La narrativa*, cit., p. 76.
[11] *Ibidem*, p. 77.
[12] Il possibile legame tra la narrativa di Bilenchi e quella di Proust è stato individuato da Mario Luzi al cui intervento hanno fatto seguito due opposte posizioni; ci pare ben motivata l'opinione espressa in P. Petroni, *Bilenchi*, Firenze, La Nuova Italia, 1972, p. 65. Mentre lo scrittore francese aggiungeva nuove sequenze al testo attraverso foglietti incollati alla pagina originaria, le carte pavesi dimostrano che il sistema correttorio di Bilenchi si fonda prevalentemente sull'eliminazione di intere stesure.
[13] Gli studi sul variantismo bilenchiano sono stati inaugurati da Maria Corti con il saggio: *Romano Bilenchi ovvero connotazione toscana e denotazione italiana*, in *Metodi e fantasmi*, Milano, Feltrinelli, 1969; la definizione di "nevrastenia stilistica" si trova a p. 43.
[14] M. Luzi, *Il tempo della prosa*, in Vanni Scheiwiller (a cura di), *Romano Bilenchi da Colle Val d'Elsa a Firenze, Immagini e documenti*, Milano, Scheiwiller, 1991, p. 14.
[15] F. Bagatti (a cura di), *Un autoritratto*, cit., pp. 122-123; l'analisi del passo si deve a M. Martelli, *La memoria di Bilenchi*, in *Per Romano Bilenchi*, "il Vieusseux", n. 8, maggio-agosto 1990 e a C. Martignoni, *Modi della narrazione*, cit.
[16] F. Bagatti (a cura di), *Un autoritratto*, cit., p. 126.
[17] M. Corti, *Romano Bilenchi*, cit., p. 44.
[18] La definizione si deve a G. Contini, *Per Bilenchi e i suoi "amici"*, in *Romano Bilenchi da Colle Val d'Elsa a Firenze*, cit., pp.

17-18; anche M. Corti testimonia il contrasto tra la narrazione orale e quella scritta in *Bilenchi e i fantasmi della memoria*, pubblicato nel medesimo volume Scheiwiller alle pp. 20-22.

[19] F. Bagatti (a cura di), *Un autoritratto,* cit., p. 127.

I

(...) Attraversata la pineta, Anna e Bruno si sentivano spesso appagati dall'odore delle piante, dai fiori[1] bianchi e azzurri che spuntavano fra il marrone degli aghi che coprivano la terra, e desistevano dal camminare ancora, perfino dallo scrutare i campi alla ricerca dei mandorli e dei ciliegi, e delle case, le quali, secondo le usanze di quei luoghi, dovevano sorgere ad essi[2] vicino. Il loro pensiero finiva per fissarsi sugli abitanti di queste irraggiungibili case. Bruno li pensava come persone taciturne e forti poiché sapevano vivere fra tanta solitudine, intente ad imprese più avventurose di quelle che potevano sostenere i contadini che molto raramente scorgeva lavorare nell'altra pianura, lungo la via provinciale. E così e per la stessa ragione li pensava pure Anna, anche se talvolta, dinanzi a qualche inatteso aspetto della campagna e degli uomini, mostrava di possedere meno fantasia del figlio.

Anna, quando si recava nella strada oltre la casa dei contadini, era ancora una ragazza, audace nelle iniziative, pronta a ripetere le mosse più violente di Bruno, veloce nelle corse. Come il figlio, essa desiderava seguire un insetto verso la sua dimora o la sua preda, gridava come lui di gioia nello scoprire qualche fiore raro, qualche nuova particolarità di una pianta, rimaneva a lungo silenziosa e commossa per l'acuta melanconia che veniva dai campi durante certi rapidi, improvvisi tramonti primaverili.

Prima che la nonna e il babbo acquistassero la villa, Anna e Bruno avevano vissuto in città. Le loro giornate erano trascorse tranquille, quasi sempre in casa, tolte rare passeggiate fuori delle antiche mura o nel giardino pubblico. Le mura erano brune e massicce, con porte snelle e merlate, con fonti ampie e limpide, attorno a cui in ogni stagione sostavano gruppetti di ragazzi indecisi se rimanere lì a giocare con l'acqua o col ghiaccio o se spingersi disordinatamente nella campagna che con i suoi alberi, prati, straducole e viottoli, promettenti gli svaghi più impensati, giungeva fino a pochi passi dalle mura, dalle porte e dalle fonti. Durante quelle passeggiate Anna e Bruno sostavano soltanto qualche minuto dinanzi alla campagna che era sempre bella, qualsiasi fosse la stagione. Talvolta Bruno aveva proposto ad Anna di percorrere una delle straducole che si aprivano tra due campi di grano o tra due file di pioppi, Anna si era sempre mostrata insensibile ai suggerimenti che, sia pure timidamente, il figlio cercava di farle giungere guardando prima un prato o una fila di pioppi e poi, con più insistenza, lei. Tutto si riduceva semmai ad allungare un po' la passeggiata sotto le mura, rientrando in città da una porta diversa da quella per cui erano usciti. Bruno rimaneva offeso per l'incomprensione[3] di Anna ed essa gli sembrava ancora più estranea alla sua vita di quello che non fosse durante le altre ore che trascorreva con lei. Invece nella strada campestre vicina alla villa egli la ammirava più dell'edera e delle vitalbe, degli alberi

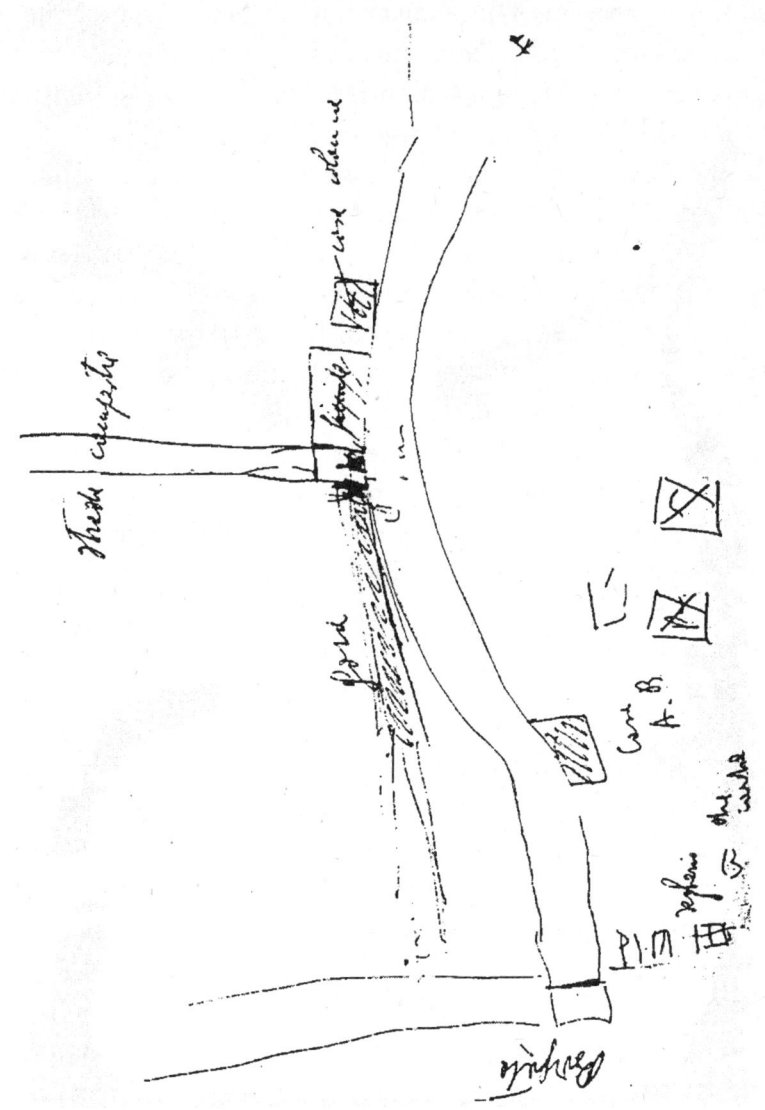

in fiore e dei pini, e fino dalla prima volta che erano penetrati in quel mondo nuovo l'aveva improvvisamente amata per la sua vivacità, la sua spensieratezza, pei suoi subitanei silenzi, e le si era del tutto abbandonato.

In casa, come nel passato, essa non recava alcuna nota di giovanile baldanza, e anche la grazia naturale delle sue movenze dileguava nel compiere, con preoccupata, diligente attenzione, le più varie e comuni faccende. Anche coi contadini della pianura e coi venditori ambulanti che portavano alla casa di mattoni rossi i loro prodotti e le loro mercanzie trattava sempre la nonna. Anna apriva la porta, prendeva dalle mani della nonna panieri e involti, li vuotava, con calma disinteressata anche se scrupolosamente, senza mai una parola di meraviglia o un apprezzamento qualsiasi. Solo quando il babbo, in presenza della nonna e di Bruno, la baciava di sorpresa e le batteva leggermente i fianchi, mentre appoggiata alla grossa madia, faceva il pane, fatica che le piaceva molto e che contendeva caparbia alla nonna e alla donna di servizio, o mentre dalla finestra guardava le acace[4] del giardino, essa diveniva rossa in volto e i suoi occhi si facevano smaglianti di maliziosa allegria. Aveva un fazzoletto rosso, da contadina, sulla testa, per proteggersi i capelli dalla farina e teneva le braccia[5] giovani e piene sui fianchi. Talvolta inseguiva il babbo per la cucina battendolo col fazzoletto[6]. Egli nascondeva l'uncinetto alla nonna, gli oggetti di cui le donne avevano immediato bisogno, portava dalla campagna piccoli ricci, piccole serpi coi quali riusciva ogni volta a impaurire Anna avvicinandoglieli improvvisamente al volto e che lasciava poi liberi per la cucina, e nessuno aveva il coraggio di scacciarli. Una volta egli aveva perfino introdotto nella stanza una piccola lontra, trovata da un operaio della cartiera vicino a un fiumiciattolo. Sapeva imitare il canto degli uccelli e riusciva ad attirarne molti sulle acace del giardino, e li mostrava poi, soddisfatto, ad Anna.

Quando in un teatro della città recitava una compagnia drammatica o si davano grandi balli, egli vi si recava ogni sera e spesso conduceva con sé Anna. In quei giorni sembrava essersi dimenticato dei piccoli animali e di ogni sua precedente occupazione; andava alla cartiera soltanto la mattina e il pomeriggio, rimaneva sempre in casa, parlava soltanto di commedie e di balli e cominciava ad abbigliarsi molto prima della cena, scegliendo con cura le più belle cravatte chiare fra le molte che possedeva. Voleva che anche Anna indossasse gli abiti più eleganti, quelli che la rendevano ancora più giovane e più snella e la pregava insistentemente di farlo per tempo.

Il silenzio delle stanze che già si adagiavano, molto prima dei campi, nel grigiore della sera, era rotto dai suoi richiami, dalle sue risa; ed egli riusciva sempre ad infondere in Anna la propria ansia per il prossimo divertimento. Poi essi sedevano a tavola compunti, mangiando ancora con maggior attenzione del solito e rivolgevano spesso la parola a Bruno, promettendogli doni, quasi per compensarlo della serata che avrebbe trascorso solo[7].

Bruno, che si incuriosiva al più insignificante cambiamento introdotto nella casa da una qualsiasi persona o da un qualsiasi oggetto, guardava senza alcun interesse le piccole bestie aggirarsi per la cucina. Eppure il loro muso appuntito, i loro aculei scuri screziati di bianco, la loro pelle verde come l'erba da poco spuntata, anche se appena intravisti in compagnia di Anna fra le vitalbe e l'edera della strada o nei campi vicino alla pineta, gli avrebbero occupato l'intero pomeriggio e poi i pensieri di lunghissimi giorni. Sentiva che le piccole bestie non erano portate lì per lui, ma soltanto per impaurire e divertire Anna, né si turbava che essa non lo chiamasse a godere del suo giuoco come certamente avrebbe subito fatto, con gesti circospetti e pieni di mistero, se si fossero trovati nella strada o nei campi oltre il fienile e la casa dei contadini. Da un angolo della cucina guardava la mamma impaurirsi e poi seguire, strisciando i ginocchi sul pavimento, il riccio o la serpe che si muovevano senza una meta sui mattoni rosa, finché il babbo non li prendeva per deporli in giardino. Semmai avrebbe desiderato che Anna non rispondesse con tanta vivacità ai baci che il babbo le dava dietro la testa, senza che essa se lo aspettasse, e ai leggeri colpi sui fianchi, che non diventasse rossa in volto e che i suoi occhi non si accendessero di tanta profonda malizia. Ma poi il fazzoletto rosso, impugnato come uno scudiscio, le nubi di farina che esso sollevava ad ogni colpo, disperdevano i suoi pensieri e i lievi rancori che a poco a poco lo prendevano, e gli restava la sola consolante certezza che la casa sarebbe rimasta per alcuni giorni tranquilla e che presto, forse in quello stesso pomeriggio, si sarebbe trovato con Anna per la strada dei campi.

In alcuni giorni Bruno amava profondamente suo padre. Erano i giorni sul finire dell'autunno in cui le gite verso la pineta dopo essere diradate cessavano del tutto[8]. Privo di ogni pensiero e di ogni desiderio, dopo essere stato un po' di tempo sulla via provinciale a osservare i rari passanti, tornava in casa e sedeva in cucina. Ad un tratto entrava il babbo di ritorno dalla cartiera, allegro e festoso, e canticchiando si metteva a radersi la barba guardandosi in un piccolo specchio rotondo che appendeva alla serratura della finestra. Poi andava in camera per abbigliarsi e pregava Bruno di seguirlo. In quelle sere egli si recava a un ballo popolare, ai tirassegni delle giostre o ad una festa di amici, e Anna non lo avrebbe accompagnato. Non indossava un vestito scuro[9] come quando andava a teatro e ai grandi balli, ma un vestito grigio a piccoli quadri e sceglieva una cravatta a colori vivaci che annodava rapidamente sotto il colletto di picchè. Intanto raccontava a Bruno come si svolgevano i balli popolari ai quali partecipavano, insieme con lui e coi suoi amici negozianti, operai, operaie e soldati; gli descriveva le giostre e gli prometteva di portargli gli oggetti che avrebbe immancabilmente vinto al tirassegno o a qualche altro giuoco. Con mosse molto buffe gli confessava poi di recarsi a quei balli e a quelle feste di nascosto da Anna e lo pregava di non dirle nulla, e Bruno non ne parlava mai con Anna, benché ci pensasse spesso quando era con lei, un po' incredulo che fosse un segreto perché comunicato fra tante smorfie, risa e parole gridate ad alta voce. Dopo che si era vestito, il babbo si guardava lungamente nel grande specchio dell'armadio, poi, soddisfatto, cantando una canzone secondo cui uomini coraggiosi, amici della luna, commettevano, durante la notte, le imprese più ardite in una lontana città, usciva dalla camera sempre pregando Bruno di rimettere qualche oggetto al proprio posto.

Il babbo faceva una passeggiata sulla via principale e Bruno lo trovava più tardi a tavola serio e riguardoso con le donne e credeva di intravedere sotto la sua serietà e la sua gentilezza una leggera ironia per ignorare esse il monellesco genere di svaghi a cui si sarebbe tra poco abbandonato. Soltanto in quei momenti pensava davvero che il babbo avesse segreti e in cuor suo lo approvava e desiderava, divertito ed eccitato, che dalle prossime ore notturne attingesse ogni possibile godimento. Ma appena il babbo se ne andava ogni sentimento nei suoi riguardi svaniva insieme col ricordo di quanto era accaduto poco prima nella cucina e nella camera. Egli si volgeva verso Anna, le si avvicinava cercando le sue carezze quasi volesse stimolare anche l'affetto di lei a espressioni più intense per riguadagnare il tempo che erano stati lontani l'uno dall'altro.[10]

Nei pomeriggi di primavera e d'estate, appena la casa

tornava in ordine dopo le faccende della mattina, Anna indossava una gonna larga e una camicetta[11] con le maniche corte, prendeva per mano il suo bambino e lo conduceva verso la strada dei campi. Giunti presso la gora, attendevano che uno spruzzo di schiuma si alzasse dal vortice della corrente e, fuggendovi[12] rapidi, raggiungevano di corsa, gridando di falso timore, la strada. Dopo avere scrutato dentro l'intreccio dell'edera e delle vitalbe alla ricerca di qualche novità, procedevano oltre. Dapprima Anna camminava silenziosa e lenta come quando in città uscivano fuori dalle[13] mura, poi cominciava a scherzare con Bruno, a dirgli dolci parole, a correre con grazia verso un fiore o un insetto. Al cancello di legno si fermava e ogni giorno chiedeva al figlio quale direzione dovevano prendere. Bruno indicava sempre quella della pineta e lei lo baciava gioiosa, con riconoscenza perché la pineta era il luogo che le piaceva di più nella campagna e tutti i giorni desiderava vederla. Poi si gettava di corsa per la discesa, saltava il rigagnolo formato dall'acqua della gora e di corsa imboccava la salita. Bruno, che era stato fino allora tranquillo guardando la strada e i campi vicini, volgendosi spesso a osservare gli spruzzi di schiuma per contare gli attimi che rimanevano sospesi nell'aria, subito la inseguiva. Cominciavano per lui altre ore felici che aggiunte a quelle dei pomeriggi precedenti colmavano di sé le sue giornate, dando il loro senso a tutta la sua vita. Ogni altro affetto, ogni altra memoria dileguavano. Soltanto la mamma egli amava pienamente in quelle ore, e la sua gelosia sarebbe stata irrefrenabile se qualcuno si fosse intromesso fra loro.

Anna lo attendeva correndo più piano e quando egli l'aveva raggiunta si davano lievi colpi sui fianchi e sulle spalle; poi, ora l'uno ora l'altro, all'avvicinarsi di una curva, accelerava la corsa, lasciava indietro il compagno e si nascondeva nel varco di una siepe, dietro un cumulo di terra o di sassi. Si scoprivano, fingendo paura o ferocia, si urtavano, si baciavano. Il loro giuoco durava fino alla pineta dove essi sedevano affaticati. Dapprima si guardavano ridendo per la corsa disordinata, pei colpi e i baci che si erano scambiati, poi pensavano, quasi mesti, ai vicini solchi lasciati dai carri, dalla gente sconosciuta, chissà in quali ore del giorno se di lì non avevano mai visto passare alcuno.

Siccome Anna, dopo essersi riposata, parlava spesso di quelle persone misteriose, fantasticando sul loro aspetto e sulle loro occupazioni, Bruno temeva che dalla distesa dei campi che gli si apriva dinanzi venisse un uomo forte e rapisse la sua compagna. L'immagine del babbo che baciava Anna all'improvviso, che le portava paternamente i ricci e le serpi, che fischiava[14] per attirare gli uccelli, si vestiva con cura e canticchiava felice per il prossimo ballo gli appariva d'un tratto, ma tenue e confusa; e anche quelle volte che nel proprio impeto la passione, nella disperata ricerca di una difesa, riusciva a precisare quell'immagine, il babbo vi appariva fragile, vulnerabile dal minimo dolore, anch'egli bisognoso di aiuto e di pietà. Bruno lo scacciava lontano come un altro se stesso inutile e opprimente, senza riuscire a farlo partecipe della più piccola parte dei suoi sentimenti. Si trovava solo con l'uomo che stava per rapirgli Anna. La scena del rapimento si svolgeva sempre con una spietata precisione ed egli cercava, inutilmente, di trovare in sé un consiglio su come comportarsi. Soltanto otteneva di sapere che non avrebbe mai seguito quell'uomo, anche se la mamma lo avesse supplicato di non abbandonarla. Insieme con questa certezza lo prendeva una violenta gelosia[15] che gli provocava pene terribili. Egli si fissava in queste pene e non dava, cessando perfino di volgere a tratti lo sguardo su Anna, più segno di vita. Sembrava diventato un altro essere della natura, immobile come il giovane pino a cui stava appoggiato, come le piante, i sassi, la terra, e anch'egli non succube ma fattore di quella calma quasi irreale.

Quando Bruno, accumulando pensiero su pensiero, timore su timore, aveva dimenticato che la creatura più amata e più sua gli era accanto, Anna, riposata e piena di noia per la lunga inerzia, per l'immobilità del compagno e di tutto quanto la circondava, gli faceva il solletico sul collo con un ago di pino che aveva estratto con ogni precauzione, perché egli non udisse, dal groviglio di aghi e di erba secca che copriva la terra. Bruno sussultava e dopo aver lentamente riconosciuto lo scherzo di Anna, si voltava verso di lei e le si rovesciava sulle braccia, mentre l'immagine del rapitore svaniva nel riverbero dei campi. A lungo rimaneva col capo appoggiato sul grembo della mamma, la quale lo accarezzava e lo baciava. Essi restavano così, felici come dopo una riconciliazione da lungo tempo desiderata, finché il sole, già lontano nel cielo, non calava verso il tramonto. Anna indicava a Bruno il sole che spogliatosi dei suoi raggi diventava rossastro e sempre più cupo. Poi lo faceva alzare e dopo averlo pregato d'aiutarla si alzava anch'essa ed egli nel prenderle la mano e nel tirarla a sé la sentiva agile e leggera per il lungo riposo.

Dopo che Anna lo aveva ancora pregato di toglierle dalla gonna gli aghi dei pini e le piccole foglie che vi erano rimasti attaccati, si incamminavano verso la villa. Attraversata di nuovo la pineta, si prendevano per la mano. Bruno chiedeva ad Anna spiegazioni sul sole e sugli alberi, sugli insetti che scoprivano ad ogni passo. Così divertiti, il cammino sembrava loro più breve e presto giungevano alla gora, dopo che si erano soffermati un attimo a guardare l'edera e le vitalbe dietro le cui foglie era già discesa la notte. Se era estate gli abitanti dei dintorni, molti dei quali Bruno conosceva per le visite che facevano alla nonna e alla mamma, cominciavano ora a dar segni di vita dopo un pomeriggio che doveva essere sembrato loro estremamente afoso.[16] Qualche finestra si apriva, con più violenza delle altre, all'improvviso, dove Anna e Bruno meno si aspettavano, e un canto risonava quale liberazione di un corpo delicato che fino allora aveva sofferto dell'oppressione della campagna infocata. Anna e Bruno indugiavano, indicandosi meravigliati le finestre che si aprivano e ascoltando il canto, poi raggiungevano la loro casa. Per essi, creature della strada, della pineta e del sole, da scoprire e godere ogni giorno, proprio in quegli istanti i campi si coprivano di un velo di tristezza. Anna si sentiva penetrare da quella tristezza e lo diceva a Bruno, ma egli era tutto intento a osservare il cambiamento che aveva subito notato in lei e non udiva quasi mai le parole. Nel silenzio opaco dell'ultimo tratto di strada, la mamma gli sembrava più bella del solito anche se più calma e senza la gaiezza e l'energia del pomeriggio; più bella e le sue movenze più eleganti.[17]

    Tornati a casa, ad Anna e a Bruno rimaneva ancora un po' di tempo libero prima della cena. Essi uscivano insieme qualche pomeriggio, anche durante l'inverno e all'inizio della primavera, ma allora il cappotto o i vestiti ancora troppo pesanti impacciavano i movimenti, le carezze sarebbero divenute volgari, gli spruzzi della gora non avrebbero arrecato che nuovo fastidio. Senza gettare neppure uno sguardo alla strada dei campi, Anna e Bruno camminavano saggiamente lungo la via provinciale[18]. Dopo qualche tempo, urtati dalle costrizioni che imponeva loro la stagione, desideravano di tornare a casa e alla casa facevano festa perché vi recuperavano la loro libertà. In estate vi erano giorni in cui ne varcavano la soglia con un senso di oppressione e talvolta di profondo dolore per dovere abbandonare la campagna, e rimanevano sulla porta a guardare ancora verso la strada e le colline, oppure soltanto il cielo. Tuttavia Anna aveva sempre qualche piccolo lavoro da sbrigare per riempire quello scorcio di tempo, ma Bruno si annoiava girando per le stanze e mentre poco prima gli era sembrato, nell'ammirare la mamma così calma e bella, che la gita si fosse conclusa nel modo più meraviglioso e nel momento più proprio, ora veniva preso dal dubbio che avrebbe potuto essere prolungata fino a coprire l'inizio della sera. Né lo soccorreva il contemplare ancora Anna che, seduta su un panchetto, faceva la calza o accomodava la biancheria con sempre soffusa sul volto la gioia provata poco prima; e poiché i balli e le feste erano rari in estate, neppure il babbo che in quei pomeriggi rimaneva a lungo nella cartiera veniva allegro e festoso a pregarlo di assistere al suo abbigliamento. Sedeva su una piccola poltrona di vimini. Subito coinvolgeva la mamma e il babbo nella propria melanconia, l'una così umiliata in quei lavori minuti; l'altro senza più alcun svago.

Vi erano anche pomeriggi in cui Anna gettava Bruno in una angosciosa disperazione. Erano i giorni in cui in qualche villa della pianura si dava un ricevimento, un ballo all'aperto, una festa. I ricevimenti e le feste avevano molto fascino su Anna che quando era ragazza aveva partecipato assiduamente alla vita mondana[19] della città in cui aveva studiato. Nonostante che fosse sempre invitata, non vi si recava mai, perché il marito l'aveva allontanata dalle prime abitudini per ridurla alle proprie, che erano quelle dei ricchi proprietari dei dintorni. Essa desiderava però vedere qualcosa di quei divertimenti o almeno le persone che vi avevano partecipato, i loro vestiti, le novità delle loro maniere[20]. Per questo, senza che Bruno se ne avvedesse, anticipava il ritorno dalla pineta. Giunti a casa, con brusche maniere, quasi avesse dimenticato quanto era avvenuto tra loro per la strada, nei campi e nella pineta, essa diceva al figlio di lasciarla sola. Per Bruno, che l'aveva seguita nelle corse, che aveva ricambiato i suoi baci e le sue carezze, questo distacco giungeva sempre improvviso e sempre ne soffriva immensamente. Qualche volta non riusciva a staccarsi da Anna e, incurante dei suoi gesti di impazienza, tentava di seguirla nelle altre stanze, ma essa infine lo scacciava con una mossa o con parole che lo umiliavano[21].

Anna se ne andava in camera sua per cambiarsi vestito. Metteva sempre molta cura nel farsi bella in quell'ora silenziosa; la finestra della sua camera si apriva con fragore e le persiane battevano violentemente contro la facciata. Bruno, benché la memoria avesse potuto suggerirgli che cosa sarebbe avvenuto istante per istante e avviarlo alle pene che avrebbe ancora provato, sgomento e ignaro tanta era l'intensità del suo pensiero sul proprio abbandono, usciva in giardino e spiava la finestra aperta. Udiva un leggero canto venire dalla stanza della mamma. La finestra spalancata diveniva un elemento di vivacità e di disordine nella composta quiete del resto della villa e per quel canto la camera sembrava a Bruno avvolta in un incantesimo. Sentendosi a poco a poco privo di ogni influenza su Anna, sedeva vinto presso il muro del giardino. Improvvisamente, senza che egli si fosse accorto che il canto era cessato, Anna usciva di casa e si avviava verso la pianura e per straducole e viottoli erbosi, si spingeva nelle vicinanze della villa in cui si dava la festa. Oppure, più spesso, si metteva fuori del cancello, poco distante da una panchina, appoggiata a un pilastro, sempre allo stesso, con le mani dietro il dorso, il corpo rilasciato, e stava lì in piedi fino all'ora di cena. Giovani donne e uomini abbandonavano il ricevimento o il ballo per godere l'aria che si era fatta più fresca e i lievi venti che si alzavano dalla pianura e passeggiavano lentamente, a coppie taciturne o in gruppi chiassosi, sulla via provinciale. Molti di loro salutavano Anna; altri la guardavano quando le passavano dinanzi e si voltavano a guardarla ancora.

Bruno, che si era seduto sulla soglia di un cancello più piccolo, posto a metà del muro sul giardino, sorvegliava con crucciosa, scrupolosa attenzione Anna e i passanti. La mamma gli sembrava più bella e più attraente delle altre donne[22]. Essa rispondeva con gesti lenti ai saluti e fissava la polvere della strada, abbassando mollemente lo sguardo sotto gli sguardi audaci e insistenti degli uomini, e il suo volto e la sua persona erano ancora più soffusi di dolcezza che durante la gita fatta poco prima nei campi. Era molto bella Anna, e Bruno credeva che tutte quelle persone fossero uscite proprio per ammirarla. Un senso di orgoglio lo prendeva, ma subito intuiva che Anna si abbandonava a quel giuoco, che le piaceva essere guardata dagli uomini e che non sedeva sulla panchina perché in piedi, così rilasciata, era più affascinante. Comprendeva che egli non esisteva più per lei in quei momenti, appagata dall'ammirazione che suscitava negli altri, e temeva che essa non gli volesse più bene, neppure quando si sarebbero trovati di nuovo soli nella pineta.

Anna mostrava di non essersi neppure accorta che egli era accucciato sulla soglia del cancello, che la spiava, nonostante indossasse una camicia a colori vivaci e che spiccava sul bianco del muro come una grossa macchia. Tutti lo guardavano sorridendo e se lo accennavano proprio per quel colore acceso, ma essa non rivolgeva mai il volto dalla sua parte, benché dovesse per forza notare i gesti dei passanti. Il sole tramontava soltanto allora e molto lontano, e la campagna rivelava altre bellezze tenute nascoste durante il pomeriggio, e Bruno cominciava a guardarle lentamente una per una. Ma un particolare lo avvertiva che erano rincasati più presto del solito e questo pensiero gli impediva di godere del tramonto. Un gruppo di alberi, notato mentre si trovava nei campi, si sovrapponeva ora ad un altro; non era lo stesso, ma la meraviglia che destava in lui era uguale, e allora le immagini gli si confondevano recandogli turbamento e inquietudine[23]. Il rancore contro Anna cresceva. Vedeva i giovani che passeggiavano insinuarsi nel cuore di lei e così ben vestiti e cerimoniosi gli incutevano più paura degli uomini misteriosi che dovevano abitare i campi dopo la pineta. Se anche l'aspra interna lotta contro questi uomini finiva sempre senza alcuna eco per il semplice consueto scherzo di Anna che gli faceva il solletico con un ago di pino, gli sembrava ora impossibile che un qualsiasi avvenimento potesse toglierlo dalla sua angoscia. Neppure il ritorno del babbo dalla cartiera, che desiderava come una grazia da anni desiderata, ma difficile ad ottenersi[24].

A un tratto, Anna, quando la nonna e la donna di servizio la chiamavano per la cena, spariva dietro il pilastro del cancello. Bruno si alzava, la guardava, nascosto da una pianta di biancospino, percorreva il vialetto ghiaioso e appena essa entrava in casa la seguiva con l'immediata speranza che tra poco sarebbe stata completamente sua. La decisa calma con cui Anna si separava dal mondo che Bruno le aveva, con la sua fantasia, creato intorno, lo rendeva improvvisamente tranquillo. Sedeva in attesa. Non giungeva l'ora del riposo, senza che la mamma, mentre parlava col babbo e con la nonna, oppure silenziosa sbrigava qualche faccenda, non lo attirasse a sé e lo baciasse ricordandogli la gita del pomeriggio.

Accadeva anche in alcune di quelle sere, che dopo un po' giungesse il babbo, il quale, allegro e gentile, diceva ad Anna che l'avrebbe condotta a qualche divertimento di cui aveva udito parlare in città. La mamma accettava felice ed egli le proponeva di aiutarla a vestirsi; e insieme andavano nella loro camera scherzando come ragazzi. Quei momenti erano per Bruno i più tristi di tutta la giornata, poiché il dolore provato poco prima rinasceva violento, nutrito da nuove ragioni. Dalla camera gli giungevano le risa del babbo e della mamma, e la cucina diventava cupa e inospitale. Disperato cercava di scoprire i motivi delle azioni compiute da Anna dopo il ritorno dalla pineta e dietro ad essi costringere i propri sentimenti per poterle ancora piacere. Ma invano. La mamma e il babbo venivano presto a interrompere i suoi decisi pensieri. Sedevano a tavola, vestiti elegantemente, parlavano di divertimenti e di persone a lui sconosciute e non gli rivolgevano una sola parola e spesso neppure uno sguardo[25].

Anna era ancora più gioiosa del solito e a Bruno sembrava ancora più bella di quando se ne stava fuori del cancello e si lasciava ammirare dai giovani signori dei dintorni. Appena avevano finito di cenare, se ne andavano in fretta e Bruno si coricava subito dopo la loro partenza. Da prima gli veniva il desiderio che qualche uomo rapisse Anna per punire il babbo di averla condotta con sé in un momento in cui egli ne avrebbe avuto un insopprimibile bisogno; e fantasticava sugli episodi del rapimento e il dolore del babbo. Ma queste erano immagini che si volgevano subito contro di lui, che non avrebbe mai potuto vivere senza Anna. Allora tutto il suo rancore si accaniva contro la mamma ed egli giurava di rimproverarla, di rinfacciarle la noncuranza che essa gli dimostrava, sul finire di quei pomeriggi, quando essi sarebbero potuti stare ancora insieme e insieme godere del tramonto e di tante altre bellezze. Ma egli non la rivedeva che la mattina molto tardi, dopo avere atteso impaziente che si alzasse ed essersi spinto fino alla gora senza avere trovato il coraggio di inoltrarsi nella strada dei campi. Subito l'abbracciava contento per il solo fatto di rivederla[26] sorridente e affabile, quando l'aveva minacciata con tanti cattivi pensieri. Spesso, consunti tutti i suoi rancori, voleva attenderne sveglio il ritorno. Udiva, durante la notte, in un'ora che mai riusciva a precisare, prestissima o tardissima non sapeva, ma improvvisa sempre, il rumore di un'automobile, il suono di una tromba, voci e risa e poi Anna che diceva: "Sonate, sonate più forte, così sveglieremo Bruno". E benché quella voce gli sembrasse aspra, priva di un accenno scherzoso, era già la certezza che la loro vita segreta, con i suoi dispiaceri ma anche con innumerevoli gioie, sarebbe continuata.

II

Sul finire dell'autunno, in città cominciavano i balli. I primi erano popolari, ed erano quelli che piacevano di più al babbo. Poi questi balli, penetrando i giorni nel cuore dell'inverno e avvicinandosi il carnevale, cambiavano lentamente carattere finché i ricchi se ne impossessavano per sfogarvi a loro agio i propri gusti e la propria fantasia. Gli operai e i soldati, cessato l'ardore e l'audacia che veniva loro dall'aver conquistato per primi il centro della città, se ne ritiravano sparpagliandosi in tanti gruppetti e si rifugiavano a ballare nei piccoli caffé e nelle osterie della periferia, ospitali in estate per i cortiletti ricoperti da pergolati folti di foglie ma che, durante l'inverno, mettevano in mostra tutto lo squallore dei muri sporchi e irregolari e degli impiantiti di legno opachi e sconnessi. Le osterie e i caffé erano molti, ma la voce dei loro frequentatori il suono delle loro orchestrine rimanevano isolati luogo per luogo, senza riuscir neppure a formare un tenue ma continuo coro intorno al clamore che proveniva dai teatri e dai circoli del centro della città.

Quando i balli cominciavano il babbo era preso dallo stesso ardore e dalla stessa audacia degli operai e dei soldati. Vi si recava quasi ogni sera, col suo vestito grigio a quadretti, dopo aver espresso la sua contentezza cantando da solo e passeggiando per la cucina, scherzando con la madre e quando Anna e Bruno avevano cessato le passeggiate in campagna dopo avere a lungo parlato con Bruno. Faceva a piedi la strada che separava la villa dalla città, si recava immancabilmente a prendere due operai, coi quali aveva frequentato la scuola da ragazzo e coi quali riallacciava in quei giorni la vecchia fraterna amicizia, rimasta come sopita per il resto dell'anno. Prendevano, insieme, parte a tutti i primi balli nei teatri pieni di gente e passando ogni notte più volte da un teatro all'altro; ma quando quei balli si frantumavano per disperdersi nella periferia, il babbo e i suoi due compagni se ne ritraevano, il primo per passare le sue serate alla villa, gli altri per riprendere la loro vita di operai casalinghi e laboriosi.[27]

Negli anni passati, proprio in quei giorni d'autunno, Anna e Bruno diradavano le gite nei campi, per poi abbandonarle del tutto. Giungeva sempre un pomeriggio in cui, dopo alcuni giorni di impensato squallore per troppo rapidi tramonti, per l'improvviso appannarsi del cielo, per il brusco levarsi di nubi che oscuravano la terra mostrandone la già avanzata nudezza che prima Anna e Bruno, cotidianamente presenti, non avevano avvertito, la strada dietro la casa dei contadini, le vitalbe, l'edera e le querce, la pianura, i campi e la pineta tornavano ad assumere il loro rigoglioso splendore. In quel pomeriggio, Anna e Bruno, felici come se avessero recuperato un bene perduto e volessero consumarlo tutto per il timore di esserne ancora privati, con un'intima concorde decisione che mai si confessavano, rimanevano fino a tarda ora nei campi, durante il ritorno non parlavano né dei pini, né dei fiori, né del sole e il giorno dopo nell'ora in cui erano soliti muoversi per la gita facevano di tutto per non trovarsi insieme, per non ripetere i gesti consueti, le parole di quell'ora che li avrebbero inevitabilmente guidati fuori del cancello, verso la gora, e la strada della pineta. Soltanto dopo alcuni giorni di volontaria reclusione nella villa, che Anna spendeva in minute, laboriose quanto inutili faccende e Bruno in illusori eccitati divertimenti, essi si recavano fino alla casa dei contadini o un po' più oltre, ma sempre lungo la via provinciale, senza mai imboccare la strada dell'edera e delle vitalbe, esagerando le brevi piogge e i leggeri venti serali.

Proprio in quei giorni passando da una stanza all'altra e ritrovandosi spesso in cucina, Bruno s'incontrava più spesso del solito e da solo a solo col babbo che si preparava, scherzoso, pei primi balli cittadini. Ancora con la mente e gli occhi pieni dei campi, dei prati e degli alberi e dei loro colori, che si sopravanzavano, sovrammettevano in una corsa sfrenata che aveva inizio sempre in estate e portava questa stagione a imporsi alle altre, a renderne comuni e insignificanti i doni più caratteristici e preziosi, quei giorni erano tristi per Bruno e troppo lunghi a sopportarsi[28]. La mattina, il giardino, ancora verde in qualche albero e in qualche siepe, e ridente di tenera freschezza, gli dava l'illusione di potervi collocare con agio il proprio corpo e la propria fantasia ancora intorpiditi dal sonno ma spronati da una ormai lunga consuetudine a partecipare a ogni più piccolo moto, a ogni più lieve particolarità della natura non appena vi si trovasse in mezzo. Nel pomeriggio, però, il sole più alto e tepido riusciva a imprimere alle piante e al terreno aspetti estivi, mentre dal cielo sparivano le tracce di quei[29] turbamenti che avevano scacciato Anna e Bruno dalla pineta. Allora la più breve corsa incontrava troppi noiosi ostacoli, mentre i muri che da ogni parte cingevano il giardino empivano Bruno di disperazione; il giardino diventava una stretta, orribile prigione, posta in una campagna più bella di qualsiasi altra, e Bruno suo smarrito prigioniero, cadutovi all'improvviso, in modo inesplicabile mentre felice percorreva quella campagna. Egli agognava alla libertà di prima, gli sembrava prematura, assurda la rinuncia compiuta insieme con Anna; le più tenaci tentazioni lo assalivano ed egli le accarezzava tutte in una volta senza decidersi a seguirne alcuna. Poi il sole scompariva oltre la villa, verso la pineta, tutto si adagiava nell'ombra da quella parte della terra. La lotta sostenuta da Bruno contro i suoi pensieri era stata lunga; egli si accasciava si sedeva sulla porta della cucina. Così il babbo lo sorprendeva una sera, e la sera dopo e le altre, finché i primi freddi intristivano veramente la campagna e decidevano Bruno ad adattarsi con piacere a nuove abitudini. La prima sera, Bruno veniva scosso dal richiamo del babbo, un fischio lungo e acuto o una affettuosa carezza sulla testa; le altre era lì ad attenderlo al colmo del rammarico e del dolore, bisognoso della sua compagnia. Il babbo si abbandonava a sfoghi di gioia, accennava passi di danza, fischiava a intervalli giurando di esser capace di svegliare gli uccelli, ormai nascosti nei loro rifugi, a un chilometro di distanza dalla villa, faceva strani gesti col rasoio; e Bruno lo osservava attonito, come dinanzi a un compagno che divenisse improvvisamente caro e indispensabile, e rivelasse doti mai prima di allora lasciate intravedere. Tutta la sua inquietudine svaniva; sorgeva anzi in lui allegria e spensieratezza, che il babbo consolidava coi suoi racconti con le sue smorfie. Questi giorni non erano molti; si prolungavano fino a quei pomeriggi in cui Anna invitava Bruno a fare di nuovo qualche passo fuori di casa. Da allora la vita di Bruno tornava a svolgersi vicino alla mamma. Ma in quei giorni Bruno amava disperatamente il babbo, ne indovinava i pensieri, i desideri e rinnovava così ogni anno un'immagine di lui di giovanile, fragile baldanza che sempre gli tornava alla memoria quando lo ricercava col pensiero[30].

Anna e Bruno conoscevano il lento cambiarsi dei campi, dei prati e degli alberi dalla primavera all'estate; sapevano come il grano diventava giallo, come fiorivano i ciliegi e i mandorli; ma distratti ogni anno dalle stesse preoccupazioni non avevano mai potuto osservare in qual modo un campo si riduceva nudo e in un altro vicino, già spoglio da tempo, nasceva una nuova cultura, quando e come un albero perdeva anche la più piccola foglia. Ignoravano il violetto e il rosso bruno di cui la terra, anche quella che toccava la loro villa, si copriva per l'umidità che risaliva dalle sue viscere, ora che il sole non aveva più la forza di respingerla. Quell'anno però le stagioni si erano susseguite senza grandi contrasti, un lento passar di giorni, uno appena più lungo e caldo dell'altro aveva segnato il distacco della primavera dall'estate, ma già la primavera aveva coperto la terra di tutti i fiori e di tutto il verde che poteva contenere e all'estate non era rimasto che da apportare qualche colore più vivido e più resistente. Poche piogge al presentarsi dell'autunno avevano impedito che i consueti turbamenti dell'aria e dei campi venissero, come ogni anno in quei due giorni, a scacciare Anna e Bruno dai loro luoghi preferiti; e dopo le piogge un sole meno bruciante ma ancora padrone del cielo sgombro di nubi era tornato a splendere dalla mattina alla sera. Appena Anna e Bruno, dopo la prima pioggia si erano spinti nella strada oltre la gora, avevano trovato i campi, specie quelli più lontani dalla via provinciale, improvvisamente popolati di uomini intenti al lavoro e si erano appassionati a tutto quanto vedevano. Ogni argine rafforzato, ogni fosso ripulito dalla terra e dall'erba, il seme e il concime poi gettati ovunque preparavano la campagna per le stagioni a venire e quando quegli uomini si erano ritirati nelle loro case, anche Anna e Bruno avevano cessato le passeggiate quasi che restando soli nei campi avrebbero potuto violare segreti gravi ed eterni e guastare il proprio e l'altrui futuro. Del resto avevano abbandonato la strada della pineta felici per aver prolungato le passeggiate oltre ogni limite mai neppur pensato e consci che ormai, per molto tempo, il ritmo che legava tra loro le stagioni si sarebbe svolto celatamente. La sera del distacco, mentre l'aria si raffreddava più dei giorni precedenti, quasi a facilitare la decisione presa, erano rimasti a osservare la campagna appoggiati all'argine della gora, noncuranti degli spruzzi, per accertarsi ancora una volta che dei campi sapevano ormai molto e che quanto su di essi sarebbe avvenuto prima di tornare a percorrerli, potevano, periodicamente, seguirlo anche con le rare passeggiate che l'inverno avrebbe permesso loro lungo la via provinciale.

Gli anni precedenti, il pomeriggio in cui avevano deciso di interrompere le passeggiate, entrarono rapidi nell'ingresso già scuro; e nel trapasso erano contenti di trovare un po' di oscurità per poter nascondersi l'un l'altro lo sconforto per il senso di ignavia e di smarrimento che li aveva poco prima colti dinanzi alla natura agitata e a cui sentivano di non saper ribellarsi. Come mai, forse avrebbero avuto bisogno di stare ancora insieme, magari per poco; ma non ne trovavano il coraggio, perché lo scoprire sul volto dell'altro così chiaramente marcati i propri sentimenti, avrebbe fatto traboccare questi in una aperta, irrefrenabile angoscia.

Quella sera invece l'ingresso era illuminato e Anna e Bruno furono sorpresi dall'aspetto della casa. Ciò ricordò loro quanto avevano potuto godere la campagna più degli anni precedenti e poiché entro di sé non avevano alcun peso di tristezza sentirono di poter gioire anche di questa novità. Svelta, Anna precedette Bruno e aprì la porta della cucina, con un colpo brusco, come se volesse sorprendere qualcuno e iniziare uno scherzo; e la memoria di Bruno ritrovò, libera da ogni rancore, le immagini di un giorno di primavera in cui il babbo era penetrato improvvisamente in cucina e aveva fatto paura ad Anna con un piccolo porcospino. Poi, il gesto stesso della mamma, reso ancor più insolito dall'inatteso aspetto della casa, fugò quel ricordo. Poiché Anna aveva già avanzato fin nel mezzo della cucina, sotto le due grosse lampade accese, egli la seguì. La luce schiariva i capelli di Anna che erano castani. Ad un tratto essa ebbe un gesto di desolazione per qualcosa che Bruno non riuscì subito ad afferrare. Procedette timido e turbato, dall'altro lato della tavola e vide il babbo che piangeva, seduto su una piccola seggiola vicino alla porta del giardino. Il babbo indossava il vestito grigio a quadretti e aveva in mano un colletto di picché, e l'aria ancor chiara del giardino toglieva a quell'angolo della stanza tutta la luce che vi proiettavano le lampade.

Ad un tratto il babbo attirò a sé Bruno e lo baciò, continuando a piangere. In quel momento la nonna entrò nella stanza dalla parte del giardino; teneva amorevolmente in un grande grembio da giardiniere due vasi di piante dalle foglie larghe, e lucide. Bruno ed Anna notarono il suo atteggiamento calmo e sereno, le sue cure per evitare che le foglie, le quali alla luce delle lampade diventavano sempre più scure, lucide e belle, si piegassero l'una contro l'altra e si rompessero, ma non ne furono rassicurati. Sembrò loro, anzi, che tante piante, nel giardino, nella campagna, tutte le piante che conoscevano e anche quelle che non conoscevano, oltre la pineta, corressero un misterioso quanto grave pericolo. Anna avanzò fino alla porta del giardino e guardò fuori verso la campagna; Bruno, non potendo liberarsi dall'abbraccio del babbo la seguì con gli occhi. Ambedue non potevano rendersi conto della loro improvvisa tristezza, dopo tanta gioia, né credevano che essa dipendesse dallo strano pianto del babbo. Quando la mamma fu tornata al posto di prima, Bruno seguì con lo sguardo la nonna che, deposte le piante su di un portavasi di legno, chiuse la porta del giardino e messasi accanto al babbo lo pregò, mentre le carezzava la testa, di calmarsi. Poi rivolta ad Anna, come continuando un discorso interrotto in un'altra occasione, le disse che la piccola febbre che il babbo si era scoperta in primavera, nonostante la poca importanza data ad essa in sul principio dai medici, era continuata insistente. Soltanto due mesi prima, un vecchio medico, amico della nonna, durante una visita aveva avanzato il dubbio che il babbo fosse veramente ammalato e che la malattia avrebbe potuto prendere, all'improvviso, il sopravvento. Il medico era venuto anche qualche pomeriggio alla villa, mentre Anna e Bruno erano fuori, nei campi. Sempre dubbioso e preoccupato, aveva prescritto[31] una cura e aveva promesso di ordinare in un paese lontano una medicina a base d'oro, molto efficace, secondo il suo parere, nella malattia che aveva colpito il babbo. Intanto questi avrebbe potuto condurre la solita vita, fare qualche passeggiata e divertirsi anche, pur senza affaticarsi. Forse la malattia, per ora non ben definita, sarebbe scomparsa così come era venuta. Il babbo era rimasto contento di quelle parole, perché nessun termine imminente, il medico aveva parlato di giorni ma anche di mesi, era stato posto per una possibile crisi palese e malefica della sua malattia. Poi il pensiero di quella febbre serotina lo aveva ripreso, perché le sue forze ne risentivano molto e lo stato di debolezza in cui si era ridotto gli impediva di compiere perfino pochi passi sulla via provinciale. Aveva fino allora vissuto in preda a turbamenti repentini e a gravi preoccupazioni, fra cui quella di far sì che Anna e Bruno non si accorgessero delle sue sofferenze perché temeva che Anna, sapendolo ammalato, non gli volesse più bene. Egli ricordava sempre alla nonna come Anna, molto tempo prima, quando le aveva parlato della piccola febbre che lo prendeva ogni sera già da qualche giorno si fosse quasi irritata. Per coricarsi e prender un po' di riposo aveva pazientemente atteso che Anna e Bruno fossero usciti per la loro gita nei campi e aveva sempre voluto che il medico si recasse alla villa nel pomeriggio. Quel giorno, proprio mentre parlava con la nonna di Anna e della immensa paura che ormai lo prendeva di non guarir più, era stato colto da un malore e poi tossendo aveva sentito al petto un leggero calore e, portato il fazzoletto alla bocca, vi aveva lasciato una piccola macchia di sangue. Allora si era detto sicuro di morire e si era disperato; poi aveva pregato la nonna di lasciarlo andare un'ultima volta in città a salutare i suoi due amici, i suoi conoscenti coi quali si sarebbe recato a ballare poiché quella sera in qualche teatro si sarebbe certamente tenuto un ballo. Contro i consigli della nonna, si era alzato e aveva indossato il suo vestito preferito, ma, subito stanco e tradito anche dalla sua eccitazione, sconsolato e avvilito si era seduto nella cucina e si era messo a piangere e a disperarsi.

Durante il suo racconto, la nonna non aveva cessato di carezzare il babbo e nel nominare Bruno si era chinata a baciarlo sulla fronte e a Bruno era giunto così inaspettato che si pensasse a lui in quel momento che aveva alzato lo sguardo. La nonna parlando fissava Anna con una espressione di dolce rimprovero e di preghiera, e spesso accompagnava il suo dire con cenni della mano e della testa che, ben più chiaramente del tono della voce, chiedevano compatimento e affetto per il babbo. A poco a poco quella voce e quei gesti posero Bruno in un sereno incanto in cui si risolvevano i timori che lo avevano sorpreso per le piante della campagna e quelli stessi che torbidi e angosciosi le parole della nonna suscitavano ogni istante. Ma appena la nonna ebbe finito di parlare, Anna disse aspramente che non aveva alcuna colpa nella malattia del babbo, che si era irritata per quella febbre perché il male, soprattutto quello di persone care la indisponeva. Essa non si era più curata del babbo non avendo più udito parlare della febbre e se qualcuno doveva protestare era proprio lei che, ignara, aveva dormito tanti giorni con un ammalato il quale poteva forse contagiarla e contagiare così anche Bruno.

Il babbo la guardò spaventato, e Anna allora chinando

la testa gli chiese scusa e si mise a piangere affermando di aver parlato così soltanto per il grande amore che portava al loro figliuolo. Ma poi con rinnovata veemenza disse che non sarebbe eternamente rimasta chiusa con un ammalato, che avrebbe ripreso il giorno dopo, con Bruno, le passeggiate nei campi e infine se ne andò dalla stanza. Allora il babbo prese a lamentarsi per la febbre e gli irritanti dolori che gli fiaccavano il corpo e che gli avevano impedito di recarsi un'ultima volta in città, dove avrebbe voluto soltanto assistere a un ballo e passeggiare fra i baracconi delle giostre. Egli parlò lungamente dei suoi amici operai, dei teatri dei tirassegni, come si presentavano nella loro vita notturna, di quando metteva ogni attenzione per colpire giusto e portare un buffo regalo a Bruno. Bruno conosceva i luoghi in cui le giostre si stabilivano per lunghi mesi per essere quegli stessi, appena dentro le mura della città o appena fuori di esse, in cui si recava, altri tempi, a passeggiare con Anna. Benché avesse attraversato soltanto qualche volta la folla che vi era ammassata, gli sembrarono ora familiari quanto la campagna da poco percorsa; e appena il babbo si mise di nuovo a piangere commosso per tanti ricordi e per la certezza di non poter ritornarvi, si sentì improvvisamente privare di una parte della sua vita in cui aveva provato le gioie fragranti e tenaci.

La mattina dopo, prestissimo, la nonna si recò in città a prendere il medico. Egli disse alle donne che ormai non esistevano più dubbi sulla malattia e che questa si era sviluppata nella sua prima fase tanto rapidamente da rendere forse inefficace ogni rimedio. Al babbo consigliò di mettersi a letto e di attendere calmo la primavera, stagione più propizia alle cure. La vita della casa si raccolse subito attorno alla camera dell'ammalato. Anna non aveva più parlato di riprendere le gite nei campi, rimaneva, benché triste e pensierosa, molte ore vicino al babbo e gli leggeva giornali e riviste. La nonna pensava alla casa e le dava il cambio la sera dopo cena. Allora Anna prendeva un libro e andava a leggere in salotto e in cucina. Anche Bruno desiderava stare col babbo poiché gli riusciva meglio pensare alle giostre, alla città e alla campagna, ma la nonna e la mamma sempre lo udivano avvicinarsi alla camera e lo precedevano scacciandolo. Ma la sera, quando la nonna andava a sostituire Anna e per un po' la conversazione si faceva più vivace non lo udivano entrare. In principio lo guardavano severamente, lo tenevano lontano dal letto e appena se ne presentava l'occasione lo mandavano via. Allora aveva imparato ad entrare a capo basso per non guardare nessuno e non ricevere occhiate imperiose e piene di minacce e di apprensioni, sedeva fra il muro e un armadio e continuava a guardare in terra. Considerava la sua costrizione un inevitabile complemento della malattia che aveva colpito il babbo e lo prendeva la certezza di dover sopportare tutte le stesse rinunce di lui. Le giostre e i tirassegni illuminati e pieni di gente erano la perdita più cospicua. Non poteva però pensarvi a lungo, perché la mamma, uscendo, lo prendeva per un braccio e lo trascinava con sé, nel salotto o nella cucina. Essa non lo sgridava mai, la sera, per essere entrato nella camera. Si metteva subito a leggere, ma dopo poche pagine il suo volto si illuminava di immagini diverse da quelle che poteva suscitare il libro e poi di una lancinante commozione di cui Bruno indovinava la causa. Era la propria sorte e forse anche quella di Bruno che Anna cercava di immaginare o che aveva già intravisto all'inizio e che seguiva col suo sguardo estatico. Anche Bruno ne era commosso e si avvicinava alla mamma. Si fissavano attoniti, sentendo come i loro pensieri costituissero la tenebrosa verità entro la quale il loro sguardo si incontrava perplesso. Questa verità prendeva allora vertiginosamente a chiarirsi, ma essi ne avevano paura e si alzavano per andarsene subito a letto e nel passare dinanzi alla camera del babbo gli auguravano, dalla soglia, la buona notte con una voce che era un'implorazione perché guarisse e impedisse a quel terribile futuro che aveva sfiorato col pensiero di avvicinarsi a loro.

Qualche giorno però Anna non rimaneva come al solito molte ore nella camera del babbo, ma, dopo avergli letto una novella o un resoconto sportivo lo salutava e, se non era freddo, usciva in giardino e sedeva su una poltrona di tela, accanto al muro della villa. Prendeva una manciata di ghiaia e la rilasciava cadere lentamente in terra, poi rifletteva con la testa appoggiata su un braccio; e spesso quando si alzava aveva gli occhi bagnati di pianto. Bruno la sorvegliava rimanendo in cucina, senza avere il coraggio di avvicinarsi a lei, pur desideroso di farlo. Se invece pioveva o il vento gelato sconvolgeva la campagna, Anna si aggirava per la casa, ora guardandosi per pochi istanti le sopracciglia o la bocca in uno specchio, ora rimanendovi a lungo dinanzi per dare ai suoi capelli una nuova acconciatura. Era triste, forse più triste di quando sedeva in giardino, e le sue spalle sembravano magre sotto il blusotto di lana. Essa si metteva dietro la finestra a guardare la campagna che lentamente imbruniva. Allora Bruno le si avvicinava. I monti lontani erano scomparsi, sommersi da nubi spessissime, e la campagna era piccola e uniforme, racchiusa in limiti così ristretti, ma poi Anna e Bruno vi scorgevano quadrati di grano più folto e più verde degli altri vicini, alberi che sembravano essersi coperti di foglie minute nel breve tempo di pochi giorni. Una volta se li indicarono a vicenda e cercarono subito fra i campi le strade che portavano nei luoghi che avevano osservato, subito meravigliati della propria audacia e cominciarono a provare la sensazione di rendersi a poco a poco indipendenti da un giogo non ben definito e che fino ad allora non li aveva mai completamente imprigionati, ma che in quei momenti si faceva nel suo lento cedere stranamente sentire. Un ostacolo cadeva tra loro e la campagna, ostacolo che mai avevano supposto esistesse, ed essi assistevano stupefatti a quel prodigio, ma si insinuò poi nei loro pensieri il dubbio che quell'ostacolo fosse la malattia del babbo. Anna, inquieta, inveì con asprezza, sebbene a bassa voce, contro la disgrazia che si era abbattuta sulla casa e contro il proprio destino. Bruno, impaurito dalle parole della mamma e timoroso che qualsiasi turbamento soprovvenisse nella famiglia e rompesse l'atmosfera di sòpportazione creatasi intorno al babbo che aveva pure momenti di cordialità, non riuscì a rendersi conto di come poteva essere stato sorpreso dal fascino della campagna ora completamente sommersa nel buio, paurosa e triste e vi collocò la causa del dolore di Anna e del proprio. Al termine di quel pomeriggio, sentendosi solo e abbandonato, il babbo li chiamò disperatamente e inveì contro la mamma ed essa, noncurante del di lui stato, gli rispose con uguale asprezza dicendogli che il giorno dopo avrebbe fatto da sola una gita in città. Il babbo, subito calmo, la scongiurò allora di ritirare quelle parole e di giurare che non solo non sarebbe mai andata in città ma che non sarebbe mai uscita dalla villa finché egli non fosse guarito. Bruno, per gli attimi di svagata dimenticanza provati dinanzi ai campi che cominciavano a inverdire, si sentiva complice di Anna, partecipe della minaccia contenuta nella sua progettata gita in città, che doveva essere ben spaventosa se il babbo era diventato così remissivo e implorante e si avvicinò alla mamma e la cinse alla vita per indurla a giurare ciò che le veniva richiesto. Egli si fece custode di quel giuramento e vigilò per più giorni perché Anna non lo eludesse, seguendola il più vicino possibile in qualsiasi stanza si recasse.

Ma d'un tratto la primavera vinse l'inverno e lo scacciò dalla campagna. I mandorli e i ciliegi fiorirono e Bruno, una mattina sorpreso dal tepore dell'aria e dai decisi anche se pallidi colori che già rivestivano il giardino e i campi di là dalla strada, dimentico di tutti i giorni passati uscì sulla via provinciale e si avvicinò alla gora. Quasi fosse ignaro delle bellezze di quei luoghi ammirò lungamente i mandorli e i ciliegi disposti a gruppetti, tenui corone attorno alla case coloniche, o piccole macchie chiare in mezzo ai prati. Uno spruzzo di schiuma lo sorprese bagnandolo tutto. Senza alcun rimorso pensò allora alla pineta, alle siepi della strada che saliva fino ad essa e nei cui valichi lui ed Anna si erano tante volte nascosti nelle loro corse disordinate. Si voltò verso la casa dei contadini e vide Anna che si avvicinava, con lo sguardo fisso su di lui. Anch'essa era uscita attratta dall'aria tiepida e dai colori degli alberi fioriti. Scorgendo Bruno aveva creduto che fosse là per un insopprimibile bisogno di luoghi liberi e di sole; e la tristezza della casa l'aveva ripresa e insieme si era precisato il suo giovanile desiderio di sfuggirvi. Prese il figlio per la mano e fece l'atto di avviarsi per la strada campestre.

Nell'uscire di casa, Bruno aveva percepito una leggera risata che non era però riuscita a scuoterlo dal suo incantamento, ma ora riudì il babbo quando rideva per qualche parola maliziosa della nonna, quando rideva con lui mentre si preparava per i balli. In quella infantile allegria, riaffiorava una fragilità ancora più complessa di quella di cui aveva sempre parlato il medico. Il babbo gli era sempre parso come un altro ragazzo, atterrito se nel giardino il gatto riusciva a sorprendere qualche uccello, delicato nei gesti, nelle parole, timido di fronte agli estranei, e che qualsiasi affronto, anche il più segreto, avrebbe potuto far vacillare. Si svincolò bruscamente da

Anna e la guardò con riprovazione e dolore. Ma essa con un leggero cenno del capo respinse i suoi sentimenti. Stava immobile, protesa verso la strada dei campi; dietro la sua persona vestita di celeste chiaro più insistenti si facevano i richiami delle siepi già verdi, degli alberi fioriti e della pineta. Il babbo non contò più nulla per Bruno, come quando si immaginava che le[32] rapissero Anna e sentiva l'inutilità del suo aiuto. Si avvicinò alla mamma e l'afferrò per la mano. Essa credette che egli la volesse tirare nella direzione della villa e lo sguardo le si fece cupo e sprezzante. Bruno vi scorse con istantanea precisione quanto Anna molto oscuramente provava, l'insofferenza per tutto ciò che il figlio, in un avvenire non lontano, sarebbe di ostacolo alla sua vita, e colpito da quella minaccia fuggì. Ma essa lo raggiunse quasi all'ingresso della villa. "Chissà che cosa sarebbe di me se il babbo dovesse morire", disse, e queste parole furono una sferzante conferma dei presentimenti avuti poco prima e che ancora colmavano Bruno di paura. Ebbe voglia di piangere e si strinse alla mamma quasi per comunicarle il proprio abbandono e renderla più conciliante ma prima di poter piangere dovette lasciare che il fuoco della sua memoria incenerisse ogni ricordo della strada, dei campi e della pineta che stranamente rimanevano accesi sui suoi timori e sulle sue pene.

Quella primavera precoce parve influire benevolmente sulla malattia del babbo. Seguendo i consigli del medico egli si alzò per qualche ora del giorno e poi l'intero pomeriggio. Voleva che Anna e Bruno gli stessero sempre vicino ed era soprattutto contento di passeggiare con loro sulla via provinciale. Li pregava di raccontargli come avevano passato i pomeriggi nelle primavere e nelle estati precedenti; chiedeva se i pini fossero molto cresciuti, se i campi oltre la pineta, fertili e particolarmente adatti agli esperimenti agricoli, avessero subito trasformazioni. Egli non era più andato in quei luoghi da molti anni. Dopo un primo momento d'incertezza e di meraviglia che il babbo sapesse, pur senza aver mai detto una parola al riguardo, dove lui e Anna trascorressero i pomeriggi di primavera e d'estate, Bruno gli narrava con facilità quella vita lontana. Perfino degli scherzi che scambiava con Anna, per la strada, dei nascondigli dentro le siepi; e talvolta nella sua foga avrebbe voluto ripetere dinanzi al babbo i colpi che dava alla mamma correndo e avrebbe voluto che la mamma facesse altrettanto, ma l'atteggiamento di Anna mai lo incoraggiava a rivolgerle quell'invito. Allora si limitava a rinnovare quei gesti, agitando la mano davanti a sé e togliendo loro ogni vivacità, ogni audacia.

In sul principio della passeggiata anche Anna parlava con fervore e aiutava Bruno nel racconto, ricordandogli particolari della campagna, completando le descrizioni dei luoghi percorsi in determinati giorni, quando il sole straordinariamente lucente o un vento improvviso li rendeva diversi; ma poi si staccava dai compagni per avvicinarsi all'argine della gora e cogliervi un fiore o ammirarvi un ciuffo d'erba che per Bruno non aveva nulla d'insolito, per compiere qualche passo nei campi. Dopo di che rimaneva indietro e canticchiava a bassa voce, svagata e rossa in volto. Molte persone, a giorni, passeggiavano sulla via provinciale, perché la primavera precoce e sfarzosa quanto mai aveva richiamato nelle loro ville i ricchi proprietari dei dintorni. Gli uomini fissavano Anna ed essa ricambiava i loro sguardi e a Bruno sembrava ancora più svagata. Ma il babbo era calmo, fiducioso in sé e negli altri e rispondeva sicuro ai saluti di alcuni di quegli uomini; e Bruno gli rimaneva vicino sforzandosi di dimenticare la mamma.

Tornati a casa, se era ancora presto, il babbo si faceva la barba come quando stava bene e doveva recarsi a ballare in città. Appendeva il piccolo specchio alla finestra, fischiettava perfino, e rivolgeva a Bruno parole scherzose. Intanto Anna, come approfittando della cordialità del babbo, cambiava abito e usciva fuori dal cancello e si appoggiava al pilastro, con le mani dietro il dorso, il corpo rilasciato, e rimaneva lì a lungo. Bruno andava fino sulla porta della villa di dove, ora che le piante dei fiori erano basse e gli alberi poco fronzuti, poteva scorgerla; la vedeva abbassare il capo dinanzi allo sguardo di alcuni uomini, alzarlo dinanzi a quello di altri, raccogliere una manciata di ghiaia e lasciarla poi ricadere lentamente. Un giorno sorprese dietro di sé il babbo; volle rientrare subito in casa, ma il babbo lo tenne fermo stringendogli forte una spalla mentre con l'altra mano gli accarezzava i capelli. Rimasero così a lungo, Bruno tremando ad ogni passo e ad ogni voce che udiva sulla strada senza poter vedere il volto del babbo. Poi questi lo lasciò improvvisamente, quando ancora la mano che gli stringeva la spalla aveva preso ad accarezzarlo con scandita lentezza. Bruno non poté seguirlo subito; più tardi quando entrò in cucina, la nonna gli disse che il babbo era andato a letto perché non poteva più sopportare la febbre e i dolori. Bruno vide lo specchio appeso alla finestra, il rasoio e il pennello ancora asciutto sulla tavola e il bricco dell'acqua che bolliva. La stessa seggiola su cui il babbo aveva pianto quella sera che con Anna lo avevano sorpreso ammalato, stava presso la porta che dava sul giardino. Bruno uscì da quella porta per nascondere alla nonna la propria commozione, e non si fermò che al muro di cinta del giardino che era il luogo più lontano da Anna in cui gli fu possibile giungere in quel momento.

In quei giorni il medico disse al babbo di iniziare una nuova cura e di cambiare clima, consigliandogli di recarsi in un paese di collina oppure in un paese marino nel quale doveva però guardarsi dal sole. Il babbo rispose che non avrebbe abbandonato la villa, ricordando di essere stato lui a spingere la nonna a comprarla, perché desiderava morire in quei luoghi. La nonna, che spesso accompagnava il medico lungo la via provinciale, era triste e, contrariamente al solito, inquieta. Pregava il babbo di scegliere un paese in collina e di partire al più presto, ma poiché egli si rifiutava di prendere una decisione tentò di ricorrere a un sotterfugio. Aveva un nipote, Antonio, di due anni maggiore del babbo, orfano dei genitori fin dalla prima giovinezza, al quale aveva dato più volte buoni consigli nei casi difficili che gli si erano via via presentati. Antonio risiedeva in una città non molto lontana e possedeva una piccola fattoria, lasciatagli in eredità dai suoi genitori, ai piedi di una catena di monti che chiudevano a nord la regione. Fedele alle promesse fatte a suo fratello, padre di Antonio, durante la malattia che ne aveva causata la morte, la nonna aveva avuto cura della fattoria, impedendo che venisse venduta e apportandovi anzi notevoli e adeguati miglioramenti, in modo da renderla una dimora amabile e confortevole. Così abbellita e piena di comodità, la fattoria era piaciuta anche ad Antonio, il quale, irrequieto e avventuroso, non amava, prima, vivere nella pace della campagna, e ora vi abitava parecchi mesi dell'anno e menava gran vanto di possederla. I monti, non molto alti, completamente coperti di boschi, cominciavano a pochi metri dalla fattoria, la quale dominava, sul davanti, un'ampia vallata. Fra monte e monte erano strette valli, coltivate, con case di contadini, isolate, circondate da ciliegi, o riunite in piccoli paesi, dove molte persone andavano a trascorrere l'estate dalla città vicina. Avanzi di torri, antiche chiese diroccate, cappelle rozze e nude costituivano altrettante mete per le gite degli abitanti e dei forestieri, e si potevano raggiungere a piedi, o coi muli, per strade comode costruite per il trasporto del carbone e del legname oppure per viottoli ripidi e pietrosi. I luoghi erano freschi e salubri, adatti per trascorrevi un'estate calda come si annunciava quella a cui si era vicino, vi si poteva cacciare senza molta fatica, e piacevano al babbo che, subito dopo la morte degli zii, vi aveva trascorso molto tempo insieme con la nonna.

Benché fra i due giovani mai fosse esistita una amicizia intima forse pei loro caratteri del tutto diversi, la nonna scrisse a Antonio spiegandogli lo strano corso della malattia del babbo e pregandolo di recarsi alla villa perché inducesse il malato a trascorrere l'estate nella fattoria; forse gli sarebbe stato meno penoso trasferirsi in un luogo che conosceva e amava. La nonna riponeva molte speranze nel nipote, unico uomo fra i pochi parenti che aveva, perché, persuasivo nei modi e nelle parole, riusciva a imporre la sua volontà anche su persone restie a ogni influenza. Antonio, che amava la nonna e le era riconoscente per quanto essa aveva fatto per lui, giunse dopo pochi giorni alla villa. Il babbo lo accolse amichevolmente, parlò della fattoria esprimendo, anzi, il desiderio di potere un giorno ritornarvi. Allora Antonio lo invitò a partire subito in sua compagnia assicurandogli che l'aria dei monti gli avrebbe giovato. Anna, Bruno e la nonna avrebbero potuto seguirli, dopo aver rimesso in ordine la casa. Dopo aver guardato timidamente la nonna, quasi per scusarsi di accondiscendere alle sollecitazioni altrui mentre aveva con tanta caparbietà respinto le sue, il babbo ringraziò il cugino e promise di prendere una decisione entro due giorni. Quella sera, rimase alzato fino a tardi, e la mattina di poi risentì di quello strapazzo e per la stanchezza non poté alzarsi dal letto.

Nelle prime ore del pomeriggio, mentre il babbo dormiva, Anna e Antonio si chiusero in un piccolo salotto da ricevere, poi, parlando animatamente, uscirono in giardino e lo attraversarono diretti verso il cancello. Bruno li seguì, sorpreso, e quando li vide oltrepassare la via e sparire nella strada dei campi, subito indignato, li raggiunse correndo. Afferrò Anna per la gonna, ma essa sembrò non accorgersi della violenza della sua stretta; anzi gli fece una carezza sulla guancia attirandolo a sé, poi gli prese dolcemente la mano. Allora fu costretto ad ascoltare il discorso che Antonio e Anna avevano interrotto nel momento in cui erano stati raggiunti da lui. Antonio disse alla mamma di non preoccuparsi per l'avvenire; se fosse rimasta vedova, dato che era giovane e bella, avrebbe certamente trovato un altro uomo, anche più forte e pratico del babbo, che le avrebbe voluto bene e avrebbe avuto cura di lei. Poi la prese a braccetto. Camminarono così fino al cancello di legno, dove la strada si divideva in due; si vedeva da un lato, oltre il cancello, poco distante nella pianura, la fattoria; dall'altro la strada scendere al rigagnolo, poi sparire fra le siepi, già folte. Bruno percorse mentalmente il cammino fino alla pineta e guardò Anna; in quell'istante anch'essa si piegò verso di lui. I loro sguardi si incontrarono ancora una volta. La mamma aveva il volto tranquillo e felice e invano Bruno cercò nei suoi occhi la cupa certezza scortavi in altri momenti che il babbo sarebbe morto insieme con un vago spavento per l'avvenire. Avrebbe voluto perdersi in quello spavento nella speranza che anche Anna potesse cogliere il dolore di lui e a sua volta perdervisi. Ma essa era pienamente contenta, con la faccia larga e serena, un po' assorta ad ascoltare l'intima gioia, come quando usciva dalla villa per la passeggiata pomeridiana, o si alzava, dopo il riposo all'ombra dei pini, per far ritorno a casa. Bruno comprese che era felice perché Antonio le aveva detto che era giovane e bella. Ora l'uomo le stringeva il braccio con forza e si piegava con tutto il corpo su di lei, e Bruno ricordò gli altri uomini che la guardavano quando si metteva, alla fine del pomeriggio, fuori dal cancello. Temette che i due prendessero una delle strade e continuassero la passeggiata. Ma Anna, pur senza notare il disagio del figlio e trarne un monito, si scostò da Antonio, fece i pochi passi che la separavano dal cancello e vi si appoggiò guardando i campi che andavano, eguali, fino alla fattoria. Poi voltò loro le spalle e prese, con lentezza, a camminare verso casa. Antonio la seguiva a qualche metro di distanza e la osservava compiaciuto. Quando furono vicino alla gora, di dietro la casa dei contadini svoltarono improvvisamente il babbo e la nonna. Il babbo disse che, ormai riposato e sentendosi meglio, aveva voluto andar loro incontro, la nonna fissò Anna e nel suo sguardo era un marcato rimprovero. Bruno, allora, si avvicinò a lei, ma il babbo lo cinse alle spalle e lo obbligò a camminare al suo fianco. Si fermarono presso il cancello della villa; il babbo e Bruno proseguirono lungo il muro di cinta ed entrarono in casa dal cancello più piccolo. Dopo cena il babbo disse che rifiutava l'invito di Antonio perché desiderava recarsi in un paese marino e che sarebbero partiti fra pochi giorni.

III

I primi giorni il babbo disse di sentirsi meglio, la febbre e i dolori gli davano meno fastidio. Prese in affitto una cabina con una larga tenda e la mattina presto, quando la spiaggia era ancora deserta e i bagnini la rastrellavano per ripulirla e aprivano gli ombrelloni, vi si recava e sedeva su una poltrona sotto la tenda. Se il sole era coperto da nubi o dalla caligine egli faceva brevi passeggiate, riposandosi spesso sui pattini e respirava profondamente come per esercizio. Appena l'aria diventava calda, tornava a casa passando da un viale ombroso e, disteso su una poltrona a sdraio, leggeva o dormicchiava fino all'ora di pranzo. Anna e Bruno uscivano allora di casa e lo incontravano sulla porta, pure nel viale; camminavano sempre dove era scoperto e batteva libero il sole; il lungo sonno a finestra aperta aveva raffrescato il loro corpo e avevano bisogno di caldo. L'ultimo tratto del viale era completamente in ombra, vi era un fresco umido e penetrante, ed essi lo percorrevano correndo.

Appena giunti sulla spiaggia, Anna e Bruno facevano una lunga passeggiata, si bagnavano più volte, poi tornavano a casa. Il babbo li vedeva sempre con gioia dopo quelle ore di distacco, parlava del libro che stava leggendo, di ciò che aveva veduto sulla spiaggia e chiedeva loro di raccontargli qualcosa. Più tardi, quando il caldo veniva attenuato dalla brezza pomeridiana, usciva con Anna e

Bruno per visitare il paese che, pur essendo piccolo, aveva bellezze naturali e altre ancora costruite dagli uomini. Nell'interno di esso si aprivano lunghe strade fiancheggiate da oleandri, larghe piazze protette da chiese semplici e bianche e sulla spiaggia erano molte rotonde, una delle quali si spingeva con arditezza sul mare ed era particolarmente attraente per la sua passeggiata circolare, gli ampi spazi in cui i bagnanti ballavano e le linde sale da giuoco. Il babbo, Anna e Bruno vagavano per le strade e le piazze arrivando fino al limite del paese, dove confinava con una pianura nella quale frutteti bassi e folti si alternavano con piccole e nette coltivazioni di erbaggi. La pianura era attraversata da strade campestri ombreggiate da acace e da querce e oltre i frutteti si stendevano grandi boschi e oltre i boschi c'erano catene di colline. Anna e Bruno e il babbo si fermavano un po' ad ammirare la pianura, percorrevano una delle strade fino a un ponte su un canale scuro e profondo, poi, sicuri che in riva al mare i raggi del sole avevano perduto il loro vigore, si recavano sulla spiaggia. Salivano sulla rotonda più bella, affollata in quell'ora e vi rimanevano oltre il tramonto. Si aggiravano nella passeggiata e nelle sale e quando erano stanchi sedevano nel luogo più avanzato sul mare, dove coppie di giovani ballavano al suono di un grammofono.

Così insopportabile era il senso che Anna e Bruno serbavano degli ultimi giorni trascorsi alla villa, tutti pieni di un minaccioso futuro, che temevano ogni minimo accenno, ogni fuggevole pensiero al domani. Essi avevano sul principio sospettato della calma del babbo subentrata a tanta inquietudine, delle sue abitudini così regolari che egli aveva preso senza alcun sforzo apparente. Ma poi era sembrato loro di poter attendere pazienti che ogni fatto perdesse la parvenza di provvisorietà e che le ore trascorse sul mare, la lettura, la passeggiata serale, il paese, la pianura e la rotonda sarebbero stati capaci di riempire la vita del babbo e la propria. Il babbo, con i suoi gesti e le sue occupazioni metodiche, riprendeva nella loro esistenza il posto che vi aveva tenuto alla villa prima di ammalarsi. Svincolati da lui i sentimenti più brucianti, Anna e Bruno erano protesi verso una nuova vita segreta da consumarsi in comune nei luoghi che al mattino, lungo la spiaggia, e la sera in compagnia del malato sfioravano appena. Essi non avevano però l'ardire di darvi inizio; aspettavano di penetrarvi inavvertitamente e cercavano, al pari del babbo, di non forzare le proprie abitudini nel timore di essere ripresi dall'angoscia che ora scoprivano essere stata unita alle gioie d'una volta. Una mattina si allontanarono dal paese fin dove la spiaggia diventava selvaggia, invasa da alberelli e da pini nani che arrivavano quasi al mare, come persone affondate nella sabbia ardente nel tentativo di una fuga disperata verso l'acqua fresca e invitante. Oltre gli alberelli e i pini, scorsero all'orizzonte folti boschi, e vicino una giovane pineta e una distesa di campi ben ordinati, con grandi case coloniche bianche di nuova calcina. Ebbero il desiderio di spingersi avanti, ma nessuno dei due **potette** manifestarlo perché non seppero ricacciare il ricordo di un'altra pineta e di altri campi. Si presero per la mano e tornarono subito indietro, con un po' di rammarico pensando che se quel ricordo non li avesse sorpresi quel giorno sarebbero stati pienamente felici.

All'improvviso il babbo peggiorò e alla febbre e ai dolori si aggiunse una tosse brusca e insistente. Nei giorni trascorsi al mare, così uniformi e riposanti, aveva sperato se non proprio di vincere almeno di neutralizzare la malattia. Dinanzi a quella nuova crisi si accasciò. Non sentendosi più di uscire di casa, rimaneva quasi sempre in letto o disteso sulla poltrona. Pregava Anna e Bruno di rimanere fuori il più possibile e di raccontargli poi gli avvenimenti della giornata.

Sul finir dell'estate la spiaggia e le rotonde divennero deserte; il mare fattosi violento vi batteva contro con furia. Anna e Bruno si soffermavano a osservare quella lotta implacabile. Le onde arrivavano fino alle cabine, superavano agevolmente ostacoli di pietre e di grosse travi, costruiti nei luoghi in cui il loro urto era più pericoloso e minacciava di corrodere la spiaggia, e con balzi prodigiosi invadevano le rotonde. Dapprima Anna e Bruno ebbero un senso di smarrimento come se il mare fosse riuscito a sommergere le bellezze che, seppur provvisorie, erano le uniche che possedevano; e più tardi dinanzi al babbo che, senza reagire al male, ne enumerava gli effetti insopportabili e fatali, la desolazione chiudeva il suo cerchio su di loro, senza lasciare nessun appiglio alla speranza. La mattina correvano a sincerarsi se il mare avesse compiuto le distruzioni minacciate durante il fosco calar della sera; e dalla spiaggia tornavano dopo poco a casa per scrutare, commossi, nel lento spengersi del babbo. In seguito, parteggiando con furore per la spiaggia, le rotonde e il paese era sembrato loro di poter strappare qualcosa alla violenza del mare e col racconto di queste vittorie di incoraggiare il babbo a sollevarsi dai suoi dolori.

Dalla solitudine in cui era caduto il paese sorsero come per incanto altre coppie di donne e ragazzi che Anna e Bruno incontravano nei luoghi dai quali meglio che altrove si poteva vedere il mare sconvolto assalire le sue prede. Quando una coppia sopraggiungeva, l'altra, quasi per un patto tacito e cortese se ne andava onde ognuno potesse in libertà dedicarsi alle visioni che il mare agitato e aggressivo suscitava. Allorché le tempeste divennero più violente e le ondate invadevano talvolta perfino le prime strade del paese e l'unico luogo avventuroso ma sicuro da cui ammirare quell'implacabile furore era la rotonda più grande, Anna e Bruno poterono osservare quelle persone da vicino e scambiare con loro le prime parole. Sembrò loro l'esaudimento di un desiderio da molto tempo insoddisfatto, tanto si scoprirono tristi e abbandonati; e ogni pomeriggio si recavano puntuali sulla rotonda come ad un appuntamento. Dalle premure di una donna comprendevano che un bambino era ammalato; la mestizia che rendeva grave e spaurito lo sguardo di un ragazzo che incontrandosi col loro vi suscitava echi di giorni lontani e felici e di un presente doloroso e infausto, li informava che una grave condanna pesava su una mamma. Avevano notato che le sofferenze univano donne e ragazzi che erano all'incirca della loro età e dividevano[33] quelle coppie formate da ragazzi più grandi e da donne più anziane; i primi erano irrequieti e volgari, le seconde invadenti e indiscrete. Anna e Bruno evitavano queste donne e questi ragazzi, mentre ricercavano la vicinanza degli altri. Ascoltavano attenti i loro discorsi, li sollecitavano e poi, nel tornare a casa, sulla scorta dei propri sentimenti e della propria esperienza, ricostruivano figure lontane e sconosciute, la storia e la vita di intere famiglie. Con interessata accortezza essi davano ad ogni caso, anche a quelli che intravedevano più disperati, soluzioni felici, turbati soltanto, nella loro sicurtà, dal dubbio che la propria storia non potesse destare nelle persone da poco lasciate altrettanta benevolenza e serenità.

Anna e Bruno avevano ora infiniti argomenti per parlare col babbo che li aspettava ansioso. Gli descrivevano il mare in tempesta, gli raccontavano gli incontri con gli altri ospiti del paese, i discorsi che scambiavano coi diversi conoscenti, lo mettevano al corrente delle pazienti costruzioni della loro immaginazione. Il babbo che pur non avendo mai veduto quelle persone, le chiamava per nome, correggeva i risultati a cui erano giunti Anna e Bruno, vi aggiungeva quelli delle sue lunghe solitarie riflessioni. Si interessava ora più all'uno che all'altro dei singolari compagni della moglie e del figlio; paragonava gli ammalati a se stesso e indugiava a calcolare i danni che avrebbe procurato alle rispettive famiglie la loro morte. Anch'egli tuttavia, portava in ogni caso la soluzione meno tragica e rovinosa, e Anna e Bruno, benché fossero sempre messi bruscamente dinanzi a un loro oscuro avvenire, ascoltavano i suoi discorsi senza accorarsi, traendone anzi calma e fermezza. Quando i contatti quotidiani con quelle persone e il continuo indugiare della mente su di loro, le rese familiari e comuni ad Anna e Bruno, anche il babbo ne fu stanco e interrompeva il discorso ogni volta che essi cominciavano a parlarne. Così quegli incontri furono sempre meno ricercati e a poco a poco cessarono del tutto.

Col sopraggiungere dell'inverno il babbo peggiorò ancora. La nonna lo pregò di far ritorno alla villa e spinse Anna a convincerlo di quella necessità. Essa confessò un giorno alla nuora che, secondo il parere del medico, il babbo avrebbe avuto la forza di lottare per lungo tempo con la malattia, ma sarebbe morto. Il babbo rispondeva di odiare ormai i luoghi in cui era nato e vissuto, la campagna attorno alla villa, la villa stessa; sarebbe morto in quel paese marino così bello, lontano dagli amici e dai conoscenti. Allora la nonna scrisse al vecchio medico perché, con la sua autorità, riuscisse a smuovere il babbo dalla decisione presa. Egli accorse all'invito; visitò pazientemente il malato e lo incoraggiò anziché dissuaderlo nel suo proposito di rimanere in quel luogo. Alla nonna disse che era inutile turbare il malato imponendogli di compiere azioni contrarie alla sua volontà, poiché la morte si avvicinava veloce. Il babbo, preparato a respingere anche le insistenze del medico, dopo la sua partenza, scoprendo in quella cortese condiscendenza la propria terribile condanna, si abbandonò alla disperazione. Gridava di non voler morire così giovane, pregava la nonna e Anna di salvarlo. Talvolta a causa della loro addolorata perplessità minacciava di uccidersi per sfuggire all'agonia che sentiva lunga e crudele. Un giorno Anna lo sorprese mentre, vestitosi faticosamente con cura, stava per uscire di casa. Essa lo afferrò per un braccio e gridò e a quel grido accorsero la nonna e Bruno. Alla loro vista il babbo sembrò aver moltiplicate le forze e lottò lungamente con Anna e la nonna, poi vinto e stremato si distese sul letto bestemmiando. Pianse, chiese perdono alle donne per quello che aveva fatto loro provare e le pregò di condurgli Bruno. Anna lo trovò in un piccolo salotto in cui nessuno entrava mai, scosso dai brividi che gli contraevano il corpo e la faccia. Egli rimase febbricitante e sofferente per alcuni giorni e Anna lo vegliò con amore finché il medico che temeva qualche grave complicazione, gli permise di alzarsi. Il babbo ne rimase rattristato e promise di attendere la sua fine senza sconvolgere la vita dei familiari. Bruno riportò da quell'avvenimento dapprima un senso di paura e ad ogni grido proveniente dalla casa o dalla strada temeva di essere nuovamente assalito dallo stesso inarrestabile tremito e dallo stesso abbacinante stordimento che lo avevano fatto star male parecchi giorni; poi quella paura si cambiò in compiacenza e in orgoglio perché in virtù delle sofferenze sopportate l'incubo che gravava sulla vita di tutti sembrava essersi un po' diradato. Senza alcun rimorso, libero da ogni grave pensiero egli trascorreva la maggior parte del giorno in compagnia di Anna che era ancora più affettuosa ed espansiva dei pomeriggi in cui dalla villa si recavano fino alla pineta. Insieme, quando dal mare non soffiava molto vento, uscivano e andavano a vedere la pianura che si stendeva dietro il paese; era nuda, come se i frutteti fossero stati spazzati via in una notte di burrasca, ma lasciava scorgere fino in lontananza le strade bianche e diritte che la attraversavano fino ai monti, toccando casolari e piccoli paesi, in estate nascosti dalla vegetazione.

Quelle passeggiate divennero più lunghe, ma Anna e Bruno si diressero dalla parte opposta a quella in cui si trovavano i pini nani e gli alberelli e che non avevano ancora esplorato. Camminando sulla spiaggia scoprirono un ospizio per bambini abbandonati, situato in un luogo dove le onde, nonostante la protezione di massicci cumuli di pietre, avevano roso e continuavano a rodere la spiaggia. L'edificio sorgeva quasi in mezzo all'acqua, colpito fino a grande altezza da violenti spruzzi di spuma. I bambini stavano affacciati alle finestre e chiamavano i rari passanti, e agitavano le mani come per chiedere aiuto, perché qualcuno li liberasse da quella prigione e li introducesse in una vita più felice. Anna e Bruno furono rattristati dai gridi e dai gesti dei bambini. Sentirono di voler dare ai bambini una vita felice, ma anche di non poterlo fare, perché compreso *(sic)*, come non mai dal giorno in cui il babbo si era ammalato, di non possedere nulla di lieto da dividere con altri. Ma oltre l'ospizio, più lontano, c'era, e piacque moltissimo a Bruno e a Anna, consolandoli, un grande fiume che entrava nel mare. Il fiume veniva giù con violenza quasi volesse aprirsi un letto nel mare, quasi volesse superarlo. Quella violenza era subito contenuta e respinta e le acque si aggrovigliavano, in uno spazio ristretto, in una lotta frenetica piena di colpi audaci e di insidie. A pochi metri di distanza il mare era tranquillo. Ma per inattesi movimenti, per sfumature di colore appena percettibili, per l'accentuarsi di un gorgo, nella vasta superficie azzurra, a Bruno sembrò che l'acqua del fiume e quella del mare non si fondessero mai.

Anna e Bruno risalivano il fiume, i cui argini erano folti di alberi, per scoprire piccole radure ove sedersi. Pensavano che quello era un luogo molto più bello della strada, dei campi e della pineta vicini alla villa e vi tornarono spesso. Dinanzi al fiume la loro immaginazione era stimolata da innumerevoli novità e il loro corpo provava il desiderio di muoversi. Ma essi comprimevano ogni esclamazione di meraviglia, ogni scatto di gioia. Quando l'uno o l'altro accennava a lasciarsi cogliere dall'entusiasmo, il compagno abbassava lo sguardo, fattosi immediatamente severo, prendeva a parlare dei bambini abbandonati o, voltate le spalle al fiume, s'incamminava verso il paese. Ma quasi sempre osservando la lotta che avveniva alla foce del fiume si dividevano soltanto: "Quella è l'acqua del fiume, questa è l'acqua del mare"; e con parole altrettanto pacate si indicavano ogni meraviglia che riuscivano a scoprire.

Tornati a casa Anna e la nonna parlavano del babbo e del modo con cui si sarebbe potuto salvare. Attribuivano ora la sua malattia e le sue sofferenze al fatto che non credeva in Dio e lo bestemmiava e che aveva voluto tenere anche Bruno lontano dalla fede. Bruno lo ascoltava un po' non rintracciando nella propria vita nessun avvenimento che gli spiegasse quei discorsi, poi se ne andava nel piccolo salotto in cui era stato sorpreso quando il babbo aveva tentato di uscire di casa. Egli riportava dalla passeggiata fino al fiume uno stupore leggero, ma che riusciva sempre a contenere e poi a disperdere ogni affiorante recriminazione per ciò che la gita avrebbe potuto offrire se egli e Anna fossero stati liberi come una volta e avessero avuto il coraggio di proseguirla fra le rive boscose verso la sorgente. Contento delle piccole scoperte fatte, chiuso in quella stanza tranquilla e appartata, pensava ancora al fiume e al mare senza che altre immagini venissero a confonderlo. Qualche volta il babbo voleva che Bruno gli stesse vicino e lo baciava e lo guardava con insistenza. Bruno tornava inquieto perché si sentiva minacciato nei suoi nuovi interessi che scopriva già radicati profondamente in se stesso. Ma quando ricorreva al mare e al fiume per trovare la forza di superare quei momenti di imbarazzo, li trovava misteriosi e ostili. Solo ricambiando le espansioni del babbo, aderendo alla sua intimità, come nei pomeriggi alla villa quando il babbo si preparava per il ballo, avrebbe potuto far sì che la vita di casa non contrastasse con quella trascorsa sul fiume e cercasse di corroderla. Avrebbe voluto invece di un solo bacio indeciso rendere al babbo tutti i suoi baci, ma dal giorno in cui si era ammalato perché il babbo aveva tentato di uscire di casa, non gli riusciva. Attendeva ansioso un'occasione per superare quell'impaccio, un'occasione meno grave di sentimenti. La sera, quando si coricava, provava un pungente rimorso per come si era comportato col babbo e per ricambiarlo in qualche modo dell'affetto che gli aveva negato poche ore prima si metteva a pensare sul modo di poterlo guarire, sulla scorta dei discorsi che udiva fare alla mamma e alla nonna.

Una sera Anna e la nonna entrarono improvvisamente nella camera di Bruno, dopo che egli le aveva udite fare al babbo le solite raccomandazioni per la notte. Esse lo pregarono di compiere un'azione che avrebbe recato al babbo la guarigione e a tutta la famiglia la felicità. Anna gli ricordò le gite per la strada piena di edera e di vitalba, la pineta, le corse sfrenate, assicurandogli che sarebbero tornati per loro pomeriggi simili. Sorpreso mentre stava per addormentarsi. La mamma, curva su di lui, lo guardava con occhi quasi severi, e Bruno volse il pensiero a quei giorni lontani con apprensione, contrariato che si potessero rievocare soltanto per chiedergli un piacere. Era come se la mamma avesse avuto la possibilità di far continuare quella vita e l'avesse invece interrotta per un segreto tornaconto. Bruno sfiorò rapidamente gli avvenimenti di uno di quei pomeriggi assolati e non rintracciò in se stesso che rancore per le ore di triste abbandono che qualche volta seguivano le gite, per il suono dell'automobile nella notte e le aspre parole di Anna. A quel tempo avrebbe gradito che essa lo pregasse umilmente come faceva ora, per imporle la sua volontà. Benché la mamma ne parlasse con tanto calore, alla veloce visione del campo e della pineta subentrò quella del fiume e del mare, dinanzi a cui Anna stava tremula e triste e non indifferente e altera come quando si metteva fuori dal cancello della villa a lasciarsi ammirare dai passanti, e Bruno si volse verso di lei per prometterle di fare quanto gli chiedeva. Ma poiché egli non riuscì a parlare subito, Anna lo pregò ancora e la nonna ripeté le parole di lei, aggiungendo altre promesse. L'insistenza quasi accorata che le donne mettevano nelle loro preghiere e il segreto in cui serbavano l'azione che egli avrebbe dovuto compiere improvvisamente lo impaurirono. Si alzò sul letto, con le mani appoggiate sulla rovescia, e fissò ora la mamma ora la nonna per scoprire le loro intenzioni. Quando fu certo che il segreto era impenetrabile abbracciò Anna stringendola a sé. Conscia del suo sbigottimento essa gli disse: "Non temere; è un'azione semplicissima quella che ti chiediamo di fare. Quando nasciamo, veniamo tutti battezzati e in tal modo entriamo nella famiglia del Signore che ci guarda e ci protegge. Il babbo, per certe sue idee particolari, non volle che tu fossi battezzato e forse dall'aver cercato di togliere un figliolo a Dio dipende la sua malattia. Noi ti condurremo da un prete, col quale siamo già d'accordo, che ti battezzerà". "Che cosa mi farà il prete?" domandò Bruno. "Un semplice segno sulla testa, forse" rispose subito Anna e aggiunse: "Ma non dire nulla al babbo, capisci? Lo prometti? Dopo potrai chiedere tutto quello che vorrai". Benché, prima che la mamma e la nonna entrassero in camera sua, avesse anch'egli pensato il modo di salvare il babbo, gli parve di venir coinvolto in un inganno nei suoi riguardi e disse: "Perché il babbo non deve saperlo? Non verrò dal prete". "Verrai e sarai buono" disse Anna "Dopo torneremo nella nostra casa e andremo tutti i giorni fino alla pineta". Bruno avrebbe voluto correre dal babbo a cercare la sua protezione, ma la sera lo aveva veduto ancora più pallido e scarno, con la testa affondata nei guanciali; e la mamma ora stava dinanzi al suo letto e lo pressava con quel suo corpo un po' curvo, e la nonna sbarrava la porta della camera. Lo prese una grande stanchezza e promise che avrebbe fatto quanto esse gli chiedevano. Anna e la nonna gli ordinarono di dire "giuro" ed egli ripeté "giuro, giuro" due volte. Infine la nonna uscì per prima e Bruno udì il babbo chiamarla e chiederle perché erano sempre alzate e perché Bruno ancora non dormiva, e udì essa rispondergli con una bugia. "Abbiamo cambiato il letto a Bruno, perché stamani ce ne eravamo dimenticate". La voce del babbo era fievole e alterata. Bruno se lo immaginò solo, ingannato, con la faccia macilenta e il petto che si moveva affannosamente, preoccupato di dover affrontare una delle più terribili notti della sua malattia. Avrebbe voluto rivederlo prima che si accorgesse del battesimo, ma udì la nonna chiudere rumorosamente la porta della cucina e del salotto. La stanchezza si fece insopportabile, ed egli si lasciò cadere sul letto. Cercò di protendere la mente verso qualche ora felice, ma nessuna visione precisa lo sorresse; il fiume e il mare in lotta tra loro invadevano d'un tratto luoghi che non riusciva a ricostruire. Poi ricordò che la mamma e la nonna gli avevano fatto dire "giuro" come quando alla villa trovavano un oggetto rotto e volevano sincerarsi che non era stato lui a romperlo. Il sonno lo colse che ripeteva "giuro, giuro".

La mattina dopo, Bruno si svegliò con la sensazione di dover commettere qualcosa d'irreparabile contro il babbo. Volle avvicinare subito Anna perché lo rassicurasse della sua innocenza. Essa preparava la colazione del babbo e Bruno invano cercò un segno anche minimo di quel nuovo e stretto legame stabilitosi segretamente fra loro. Non riuscendo a parlarle, egli la fissò con insistenza, ma essa non ebbe né un cenno, né un sorriso d'intesa per lui. Gli sguardi coi quali rispose ai suoi, sembrarono a Bruno quasi contenere una condanna per essersi arreso alla volontà altrui ed egli sentì la responsabilità dell'inganno preparato contro il babbo ricadere tutta su di sé. A un tratto la mamma si piegò rapida e gli disse sottovoce: "Va' a salutare il babbo, un momento solo, e poi corri un po' fuori da te stamani, ma non con codesta faccia stralunata, altrimenti sospetterà qualcosa e ti farà molte domande". Ma Bruno non poté salutare il babbo; si fermò dietro la porta della camera, mentre Anna portava la colazione al malato e vide che essa e la nonna sollevavano un corpo quasi inerte e avvolto in pesanti coperte lo deponevano sulla poltrona e poi di nuovo sul letto rifatto in fretta. Il babbo teneva gli occhi chiusi e doveva aver subito una nuova crisi; per questo Anna gli aveva detto di uscire di casa da solo. Dalla finestra egli scorse il mare calmo e sporco, quel giorno privo di ogni bellezza.

Uscì nella strada e si diresse verso la piazza principale del paese, poi camminò lungo il margine della pianura. Ora gli sembrava di essere fuggito di casa a causa del battesimo e di correre disperatamente sulla spiaggia a volte verso la foce del fiume, a volte verso la distesa degli alberelli e dei pini nani, ora di vedere il babbo inoltrarsi in una rapida e atroce agonia. Appena le campane della chiesa sonarono mezzogiorno, Bruno tornò a casa dove la nonna gli disse che in quelle ore il babbo era peggiorato. Sconvolto, con la certezza che i pensieri di poco prima fossero sicuri auspici di sciagura, si ritrasse in cucina dove la nonna gli dette da mangiare, mentre la mamma stava vicina al babbo. Dopo pranzo il medico del paese si recò a visitare il babbo e quando egli se ne andò, anche Anna, chiusa la finestra, uscì dalla camera perché il malato potesse riposare tranquillo. Il buio in cui furono avvolti il babbo e la stanza, parve diffondersi in tutta la casa insieme con un senso d'insopportabile attesa. Bruno ebbe paura che improvvisamente il babbo gridasse di là dalla porta invocando un soccorso che nessuno di loro avrebbe potuto dargli. Le donne sedevano presso il tavolo della cucina, la nonna con la testa appoggiata su un braccio, la mamma guardando attonita oltre la finestra. Spinto dal desiderio di mettere un distacco fra sé, la sua sofferenza e quella delle donne, chiese il permesso di uscire. Era la prima volta che si trovava da solo davanti al mare. Si diresse verso il luogo in cui sorgevano i pini e gli alberelli e camminò in fretta, ma poi tornò indietro per il nuovo desiderio di vedere ancora una volta il fiume in lotta col mare e timoroso di non aver tempo bastante per compiere quel lungo tragitto. Superato che ebbe l'ospizio vide il sole basso sul mare e si affrettò. Rimase pochi minuti a osservare la foce del fiume, poi tornò indietro. Si trattenne invece in paese, perché l'aria contrariamente alle sue previsioni non si era oscurata, vagando per le piazze e le strade. Quando tornò a casa vi trovò di nuovo il medico il quale era andato a fare una iniezione al babbo che era peggiorato ancora. La porta della camera era aperta, il medico si asciugava le mani stando sulla soglia e impediva la vista del malato; Anna e la nonna accomodavano il letto spianando le coperte col palmo della mano. La nonna si accorse per prima che Bruno[34] stava dietro al medico e, uscita dalla camera, lo condusse in cucina. Poi il medico se ne andò. La mamma e la nonna servirono la cena a Bruno e, a poco a poco che si faceva buio, egli le vide muoversi nella stanza silenziose ma sempre più in fretta, con gesti che erano da un momento all'altro sempre più concitati. Prima del solito, quasi non sopportassero la sua presenza, gli dissero di coricarsi. Lo accompagnarono in camera e passando dinanzi alla camera del babbo la nonna disse ad alta voce: "Dormi Bruno. Povero il bambino, tanto buono. Stasera anche noi andremo a letto presto". In quelle parole egli sentì un riferimento all'impegno preso, ma ogni preoccupazione gli parve prematura poiché avrebbe dovuto trascorrere una intera notte. Era stanco. Tuttavia il sonno non venne subito. A lungo fu costretto a rivivere le ore trascorse sulla spiaggia e a pensare all'agitazione in cui erano Anna e la nonna.

Egli fu improvvisamente svegliato. La nonna era chinata sul letto e lo chiamava, mentre la mamma era appoggiata alla porta, come per impedire che anche il più piccolo rumore potesse sfuggire dalla stanza. Bruno stupì di vederle vestite di nero, con una sciarpa pure nera sulla testa, perché non amavano quel colore. La nonna gli disse di alzarsi subito, gli porse la biancheria, aiutandolo quando un bottone era restio. Sentendosi a momenti riposato come dopo un lungo sonno, a momenti stanchissimo, Bruno chiese alla nonna se fosse notte o mattina, ma essa gli intimò di non parlare e di camminare in punta di piedi, quando sarebbero usciti. Comprese che era imminente il momento in cui avrebbe dovuto assolvere l'impegno preso ed ora, forse nel pieno della notte, era più strano e minaccioso di quando gli avevano strappato la promessa. Fuori era notte, infatti, una notte fredda e senza chiarore, nonostante la primavera fosse già cominciata. Egli udì subito il fruscio delle onde oltre i villini disabitati del viale lungo la spiaggia. Le donne s'incamminarono verso la piazza principale dove era la chiesa in cui la domenica andavano alla messa. Erano più scure della notte e Bruno, emozionato, e tremante, strinse la mano alla mamma. Non si fermarono davanti alla porta principale della chiesa, come egli aveva creduto, ma sonarono ad una porta larga, posta fra l'abitazione del prete e la chiesa, tinta di verde e di giallo a strisce trasversali e che, per due piccoli paracarri situati ai suoi lati e per ciuffi d'erba cresciuti fin sulla soglia, ricordò a Bruno l'ingresso della scuderia di una villa che sorgeva nella pianura e che un giorno Bruno aveva visitato insieme con Anna. Aprì proprio il prete e teneva in mano un libro di preghiere. Le donne si scusarono dello scomodo che gli avevano arrecato costringendolo a rimanere alzato fino a quell'ora, ma egli rispose che era un dovere particolarmente gradito e che aveva atteso leggendo. Dopo aver dato un'occhiata a Bruno piena di curiosità e di dolcezza, li fece entrare. Si trovarono in un piccolo teatro con un palcoscenico minuscolo e in disordine e con molte seggiole di legno, basse e nere, molte disposte in fila, altre accatastate negli angoli. Il pavimento di pietre larghe e biancastre, schiarite da una luce fioca, era proprio uguale a quello della scuderia che Bruno aveva veduto nella pianura. Polvere e ragnatele coprivano palcoscenico e seggiole. Il prete passò svelto attraverso quell'abbandono e per un corridoio buio in cui si aprivano piccole finestre quasi all'altezza del soffitto, li condusse nella sagrestia. Bruno rimase fermo sulla porta, guardando le pareti coperte da quattro grandi armadi, mentre Anna e la nonna sedevano su seggiole uguali a quelle del teatrino. Il prete preparò alcuni oggetti sopra un tavolo, trasportò uno sgabello davanti alla porta e disse a Bruno di sedervisi. Dopo che egli ebbe obbedito, la nonna lo attirò a sé costringendolo dolcemente ad appoggiare la testa sulle sua ginocchia. Bruno vide il prete avvicinarsi e abbassò le palpebre. Aprì appena la bocca come gli fu sussurrato e sentì toccarsi la lingua e la fronte e avvertì il sapore del sale e il ghiaccio dell'acqua. Riaperti gli occhi, vide il sacerdote porgere alla nonna un barattolino d'argento, simile a una pepiera antica posta sulla cantoniera in un salotto della villa che destava l'ammirazione dei visitatori. Il prete recitò una breve preghiera e dopo aver accarezzato Bruno disse che tutto era finito. Mentre attraversavano di nuovo il piccolo teatro, come per giustificarsi del disordine della sala, disse che i ragazzi ai quali insegnava la dottrina davano lì, nei primi mesi invernali, alcune rappresentazioni per i poveri del paese. Durante gli altri mesi dell'anno nessuna persona entrava nella sala e ne aveva cura. I ragazzi e i poveri, aggiunse, erano i suoi unici amici e, a turno, lo aiutavano nelle faccende di casa perché era anche lui povero e senza parenti. Sulla porta disse che avrebbe pregato, subito e a lungo, per il babbo per unire la propria voce a quella addolorata della mamma e della nonna.

L'inquietudine provata nell'uscire poco prima di casa era svanita; le parole del prete, dedito a fare del bene agli altri e a riceverne, suscitarono[35] in Bruno echi di accorata pietà, insieme con un senso di soddisfazione per aver anch'egli compiuto qualcosa, che gli sembrava ora efficace e solenne, in favore del babbo. S'incamminò sicuro dietro Anna e la nonna, dopo aver guardato il cielo che era divenuto più chiaro. La mamma lo prese per mano e gli disse: "Ti raccomando di non dire nulla al babbo di quanto è accaduto. Si offenderebbe per tutti questi sotterfugi e ogni minima contrarietà peggiorerebbe il suo stato". "Ma non lo abbiamo fatto perché guarisca?" le chiese Bruno. "Proprio per questo" rispose Anna. "E allora perché il babbo non dovrebbe saperlo?" disse Bruno. "Il babbo si inquieterebbe lo stesso con noi" rispose Anna. "Anche con me" chiese Bruno. "Anche con te, come quella volta che eri più piccolo" disse Anna con asprezza. Quello a cui essa alludeva era l'unico episodio della sua vita al cui ricordo Bruno inorridiva ancora di terrore. Un giorno, durante il desinare, egli aveva tirato contro il babbo, che leggeva attentamente il giornale, una forchetta, colpendolo sul naso. Non aveva mai saputo spiegarsi la ragione del suo gesto né come era riuscito a colpire il babbo proprio sul naso. Sapeva soltanto che poco prima il babbo non aveva risposto a una sua domanda e che subito dopo egli si era messo a piangere. La mamma e la nonna lo avevano sollevato dalla seggiola e lo avevano portato in camera dove era rimasto chiuso per un intero giorno. Gli avevano detto che il babbo voleva ucciderlo. Quando la mattina di poi erano andate a prenderlo perché si riconciliasse con lui egli le aveva seguite tremante e vergognoso di dover comparire alla persona che aveva così volgarmente offeso. Benché il babbo gli avesse stretto la mano e lo avesse baciato, per alcuni giorni aveva cercato gli angoli più bui della casa e durante i pasti, immoto e silenzioso, non aveva mai alzato lo sguardo dalla tavola.

Bastò l'allusione di Anna a quel triste periodo perché il senso di innocenza e di pietà che le parole del prete avevano destato in lui fossero sommerse da un senso ben più pungente di colpevolezza e di dubbio. Gli stessi gesti e le stesse parole del prete non gli parvero ora così semplici e innocui come poco prima. "Che cosa ha fatto il prete, mentre tenevo gli occhi chiusi?" chiese ad Anna. "Non mi sono accorta che i tuoi occhi fossero chiusi" essa gli rispose e un attimo dopo, fermatasi, scotendogli violentemente la mano gli disse: "Desidero che tu non parli più di quanto è accaduto". Bruno con altrettanta violenza si staccò da lei, fece alcuni passi indietro, poi si appoggiò allo stipite di una porta e si mise a piangere. Anna rimproverò la nonna. "Questo stupido" disse "racconterà tutto e lei è la causa di tutte queste scenate. Che cosa crede di ottenere dal battesimo? Dio ci ha abbandonato, oppure non è mai esistito". "Taci, non bestemmiare proprio ora" le disse la nonna e andò a prendere Bruno. Quando fu vicino alla mamma essa lo colpì su una mano e poi sulla bocca, troncando i suoi singhiozzi.

A casa, la nonna lo aiutò a spogliarsi. Sentiva ancora la rudezza di quello schiaffo improvviso e il freddo della notte. In fondo ai suoi pensieri si faceva strada, irresistibile, l'incubo dei futuri rapporti col babbo, che egli solo aveva rotto con un'altra offesa grave e imperdonabile. Già indugiava a considerare la fatalità del consenso dato due sere prima alle donne e benché sapesse che la solitudine lo avrebbe precipitato in sofferenze ancora maggiori chiese alla mamma e alla nonna che lo lasciassero solo perché era stanco e voleva dormire. Ma Anna e la nonna sedettero in fondo al letto parlando, quasi con nuova fiducia, del malato e di interessi. Egli le fissava lottando per non soggiacere all'orgasmo che lo soverchiava sempre di più e pur certo che la domanda che stava per fare lo avrebbe privato d'ogni risorsa chiese: "Posso ancora parlare col babbo?". Anna rise tanto forte che la nonna, agitando minacciosamente una mano, la richiamò alla convenienza dell'ora. "Che ragazzi" disse poi sottovoce e uscì dalla camera. Anna la seguì sussultando mentre si premeva la bocca per trattenere il riso.

La mattina dopo, Bruno fu svegliato da Anna che piangeva. Era tardi e il sole, malgrado la persiana fosse abbassata, schiariva ogni parte della camera. Anche la nonna entrò nella stanza, ma fece una carezza ad Anna, e uscì. "Vieni, presto, il babbo muore" disse a Bruno la mamma e gli porse i panni, ma poi si gettò sul letto singhiozzando disperatamente. Quando il pianto fu cessato, essa gli raccontò che poco dopo l'alba il babbo era stato preso da una crisi e che aveva trovato la forza di alzarsi tentando di gettarsi dalla finestra per abbreviare le sue sofferenze. Egli aveva gridato che il pensiero di lasciare lei e Bruno gli rendeva impossibile di sopportare anche quei pochi istanti di vita che gli rimanevano. A stento erano riuscite a rigettarlo sul letto dove aveva subito perduto la conoscenza. Essa aveva svegliato Bruno per poter dare l'ultimo saluto al babbo. Bruno non l'aveva mai udita parlare con tanta convinzione, mai era stato da lei messo a parte con tanta serietà dei suoi pensieri; si vestì in fretta e la precedette nella camera del babbo. Egli giaceva scheletrico con le braccia immobili, distese ai lati del corpo e appena dalla bocca socchiusa si indovinava il suo debole respiro. La finestra era aperta, ma Bruno non udì neppure il più lieve fruscio del mare; e gli parve una grande privazione per sé e per il babbo. In quel momento entrò il medico e, dopo aver salutato le donne con un inchino, si avvicinò al malato e gli prese il polso con delicatezza. Poi si fece raccontare dalla mamma quanto era accaduto e sedette accanto alla finestra. A un tratto il babbo si mosse come scosso da un improvviso contatto. Il medico lo guardò a lungo poi, alzatosi, gli voltò le spalle e spiegò alle donne le ragioni per cui alcuni malati colpiti così gravemente come il babbo possano ancora vivere molti mesi e talvolta qualche anno. Egli disse che avrebbe provveduto a mandare un barbiere e una donna perché preparassero il babbo per la bara. Appena fu uscito, la mamma prese Bruno per la mano e lo condusse in un'altra stanza. Essa piangeva, a tratto, senza dolore né tristezza. Raccontò poi a Bruno molti episodi della sua vita in comune col babbo, quando lui non era ancor nato. Gli parlò del teatro, dei balli, degli amici che v'incontravano, di altre città. Gli disse anche che il babbo non si era offeso la volta che egli gli aveva tirato la forchetta, ma essa e la nonna lo avevano voluto impaurire perché non ripetesse più un gesto simile. Passarono insieme molte ore, finché la nonna non andò a chiamarli.

Il babbo era vestito di grigio, con l'abito che indossava quando stava bene e dalla villa andava a ballare in città. Una donna pregava accanto al letto e anche la nonna si inginocchiò. Anna sollevò Bruno ed egli baciò il babbo sulla fronte. Mentre stava per deporlo in terra, la mamma fu colta da un tremito tanto violento che per poco non caddero insieme. Essa pianse e si disperò. A stento la nonna e la donna inviata dal dottore riuscirono a farla uscire dalla camera. Essa si chiuse nel salotto in cui non entrava mai alcuno e Bruno non potrà rivederla che la mattina dopo, perché la nonna lo tenne con sé.

Quella mattina stessa verso mezzogiorno un carro funebre andò alla casa in cui abitavano per trasportare il babbo nel cimitero della città in cui era nato. La nonna avrebbe fatto il viaggio accanto all'autista, per non lasciare il figlio morto, quasi avesse potuto assisterlo ancora. Essa costrinse Anna e Bruno a partire subito dopo desinare, un po' prima del carro funebre. Anna era vestita di nero e in treno pianse. Bruno le sedette accanto abbracciandola. Essa gli chiese se sarebbe stato sempre insieme con lei e se le avrebbe voluto sempre bene. In quel momento non aveva che lui e in lui rimetteva sinceramente ogni speranza. Una strada bianca e già polverosa fiancheggiava la ferrovia, ora avvicinandosi fin quasi alle verghe[36], ora allontanandosi nei campi. Bruno chiese alla mamma dove andasse quella strada ed essa gli disse che portava alla loro città. Per molto tempo Bruno stette in attesa di veder passare il carro funebre con la nonna e il babbo e fu come se essi viaggiassero con lui e la mamma.

IV

Anna e Bruno giunsero nella loro città all'inizio della sera. Un treno occupava il binario sul quale doveva inoltrarsi fin dentro la stazione quello che trasportava Anna e Bruno e che dovette sostare. Bruno si affacciò a un finestrino, ansioso di guardare la città. La città, tutta distesa in pianura, cominciava a oscurarsi. Soltanto alla periferia, dalla parte della villa e dalla parte delle mura, rimaneva ancora un po' di luce del pomeriggio. Bruno ebbe piacere di quella luce che rendeva visibili e vicini i luoghi in cui aveva più che altrove vissuto e, improvvisamente libero dalla tristezza accumulata durante il viaggio, si voltò verso Anna per invitarla a guardare dal finestrino. Anna piangeva. Bruno, ancora eccitato da quell'incontro con la città, le fece posto accanto a sé senza dubitare della persuasione contenuta nel suo gesto. Poi vide che anche la mamma guardava fuori del finestrino e scorse sul suo volto acuirsi il dolore. Essa teneva le labbra appena socchiuse e la testa alta, rivolta dalla parte della villa. La villa non si scorgeva di lì, perché l'edificio della stazione e le case e i palazzi stavano dinanzi a loro, ma più lontano era possibile intravedere e immaginare la campagna, com'era, pianeggiante e fiancheggiata dalla catena di colline. Mentre Anna guardava oltre la città, Bruno vide il dolore riflesso sul volto di lei cambiarsi rapidamente in insofferenza e poi in odio per quei luoghi nei quali si era, a poco a poco preparata la disgrazia che l'aveva colpita. Le lacrime non erano più limpide e serene, non accettavano oltre di svincolare l'animo di Anna dalla sofferenza, ma sembravano continuare i nuovi sentimenti, prolungarli, inasprirli. Bruno fu turbato dal dolore in cui vedeva la mamma tacitamente dibattersi; pensò di abbracciarla[38] e scuoterla e toglierla dalla sua immobilità, ma il corpo di lei, rigido e teso, lo respinse. Anche il tempo non scorreva più, ancorato al treno, ad Anna, agli altri viaggiatori affollati nel corridoio. Bruno allora volle afferrare un qualsiasi aiuto. Il suo pensiero aveva poco prima indugiato, per quell'ultima luce pomeridiana, sulle strade e sui campi del suo passato, e quelle strade e quei campi gli furono ora, dal suo pensiero restituiti, nitidissimi, ma improvvisamente ostili a spiegare dinanzi a lui le loro innumerevoli ricchezze. La visione dei suoi primi anni di vita, felici, senza alcuna traccia di monotonia, nei quali ogni disappunto e ogni ansia prendevano ora l'aspetto di occasioni per raggiungere sempre nuove gioie, risuscitò violenta in Bruno, per frantumarsi in tanti insulsi episodi e al pari della campagna non solo restia a promettere per il futuro anche uno solo di quei giorni, ma neppure il minimo confortevole ricordo. Bruno si sentì coinvolto nell'odio che Anna provava per quei luoghi e, come non mai, fu certo dei sentimenti di lei e delle loro ragioni. Anche la mamma da piccola aveva passeggiato per le strade oltre le mura, e per la campagna poi, insieme col babbo e con Bruno, ed ogni loro pensiero non poteva essere che identico. Si staccò dal finestrino voltando le spalle alla città e uscì nel corridoio. Il treno si mosse. Dall'altra parte della ferrovia i campi arrivavano fino a pochi metri dai binari. Un altro treno che proveniva dalla stazione tolse a Bruno la vista dei campi. Quando fu passato si accesero le lampade lungo i binari e dentro la stazione. La campagna, piena di alberi, di grano e di granoturco, s'imbrunì decisamente dove era più folta. I campi si stendevano piani per pochi chilometri, poi salivano a coprire una collina abbastanza alta. La notte, una notte estiva, chiara e compatta, si avvicinava alla sommità della collina; e ricreava alle piante, alle case, alle strade, i contorni e le dimensioni tolti loro dalla greve indecisione della sera. Le strade attraversavano nitide la breve pianura, fiancheggiate da alberi, da muriccioli, da siepi. Bruno guardò più intensamente dinanzi a sé. Egli tornò con un sentimento di tenerezza a riscoprire nei campi quegli stessi appigli che avevano stimolato la sua immaginazione, la sua vita di molti giorni; poi a paragonare a mano a mano che la notte velocissima riportava nitidezza e ordine nella natura, ogni scoperta a particolari noti di altri campi, di altre strade finché gli balzarono dinanzi violenti, a coprire tutto la propria casa, la strada dietro la casa dei contadini, quei campi, la pineta; e insieme con quelle visioni gli venne una strana preoccupazione di non poter tornare alla sua casa per il volere di qualcuno che si accaniva contro di lui, contro la campagna, perfino contro il babbo morto. Quel nemico che si era manifestato così all'improvviso prese a poco a poco le fattezze della mamma. Il treno si era intanto fermato. Bruno si voltò impaurito, sperando che dal volto di

Anna fosse scomparsa ogni traccia di odio, sperando di venire liberato contemporaneamente dai propri dolori, ma essa come a prevenire quella mossa lo spinse di sorpresa, sebbene con molta dolcezza, per il corridoio verso lo sportello del vagone. Scesero su un marciapiede, in mezzo ai binari, e attesero che un facchino andasse a prendere le loro valigie.

Anna guardava dinanzi a sé, nuovamente assorta nei suoi pensieri e stranamente calma. Teneva il corpo un po' piegato all'indietro, quasi fosse appoggiata a un invisibile sostegno e Bruno ricordò per un istante quando essa, dopo le passeggiate fino alla pineta, usciva di casa e rimaneva a lungo appoggiata allo stipite del cancello mentre coppie di signori passeggiavano sulla strada; ma subito egli notò che non era così abbandonata a sé stessa come allora, egoisticamente dimentica di tutti e in ascolto di quanto le suggerivano, attraverso quell'ultimo pomeriggio, i giorni felici della sua vita, la sua giovane forza e la sua bellezza. Anna, ora, aveva durezza nel volto e anche il suo corpo assecondava quella espressione, quasi essa stesse lottando contro qualcuno. Poi il suo sguardo si fece più lucido e dolce. Bruno comprese che Anna aveva pensato alla propria vita, che la tristezza di quegli ultimi tempi aveva cancellato ogni traccia di felicità e ora essa, su quella tristezza aveva raccolto ogni suo sentimento. Le lacrime che cadevano dagli occhi di lei svelavano apertamente la sua infelicità. Essa vi alluse ancora col gesto di una mano, ma che indicò inaspettatamente che in lei aveva preso il sopravvento una mite rassegnazione. Bruno si sentì commosso e disposto a fare qualsiasi sacrificio per la mamma.

Finito che ebbero di portare fuori della stazione i bagagli dei viaggiatori del treno precedente, i facchini si precipitarono di nuovo fra i binari. Anna, fedele alle sue riflessioni, ne chiamò uno indicandogli la valigia e Bruno, che per la prima volta in vita sua aveva creduto di scoprire Anna così dolce e remissiva, la prese per la mano e le disse: "Mamma, andiamo a casa", per evitarle di pronunciare parole che indovinava penose e per legarla più strettamente ai suoi desideri. Essa disse al facchino di portare la valigia fino all'angolo di una strada vicina alla stazione, dove sostavano sempre alcune carrozze. Quella strada prolungandosi in altre, attraversando una piazza e un parco, andava a sboccare sulla via provinciale in cui, più lontano, abitavano Anna e Bruno.

La stazione aveva un'uscita secondaria che dava su un'ala dell'edificio, più vicina di quella principale al luogo in cui sostavano le carrozze. Attraverso una grande stanza vuota e una sala d'aspetto il facchino precedette Anna e Bruno verso quell'uscita. Sotto la tettoia si imbatterono nella nonna che, insieme con alcuni uomini, li aspettava. Essa disse ad Anna di lasciare le valigie nel deposito della stazione perché difficilmente quella sera sarebbero[39] potute andare a casa; avrebbero invece mangiato e dormito in casa di amici. L'inatteso incontro con la nonna e con gli sconosciuti che l'attorniavano, i suoi inesplicabili suggerimenti tolsero ogni pensiero dalla mente di Bruno. Egli si fermò sorpreso, dietro ad Anna, a pochi passi dal gruppo. Anche uno degli uomini che stava accanto alla nonna pregò Anna di lasciare le valigie alla stazione, perché c'era da risolvere un grave problema. Offrì di ospitare in casa sua la nonna, Anna e Bruno per quella sera. Era un uomo di media statura, con le spalle larghe, la faccia rossa e volgare, appena ingentilita da tenui baffi biondicci. Aveva un abito a quadretti bianchi e marrone ed era il meglio vestito di tutti. Si chiamava Fabbri. "Parlerò io per primo" disse subito dopo un uomo ancor giovane, di nome Pietro. Aveva l'aspetto di persona taciturna e gentile e un folto ciuffo di capelli neri.[40] Bruno lo aveva già notato e aveva colto in lui, per i movimenti rari e composti, per una distratta, svagata luce dello sguardo, qualche rara rassomiglianza col babbo, quando questi tornato a casa stanco, sedeva in cucina, silenzioso, apparentemente lontano da quanto si faceva d'intorno, anche dalla mamma che talvolta entrava nella stanza con in testa un fazzoletto da contadina, nuovo, rosso con sopra impressa una carta geografica, oppure papaveri gialli o altri fiori più piccoli ma sempre gialli. Erano gli stessi fazzoletti coi quali batteva il babbo inseguendolo per la cucina quando essa faceva il pane e il babbo la baciava di sorpresa. Mostrava il fazzoletto al babbo, diceva di averlo comprato poco prima da un venditore ambulante di passaggio, gli faceva notare le irregolarità, le stravaganze del disegno. Diceva anche di aver comprato un altro fazzoletto giallo a fiori rossi, oppure con un galletto blu e andava a prenderlo, lo distendeva sulla grande tavola della cucina. Il babbo non si muoveva, non si avvicinava alla tavola come lo pregava Anna, il suo sguardo non aveva la minima flessione sia si posasse appena un istante o su Anna o sul suo fazzoletto e sembrava sdegnoso ma poi Bruno finiva per scorgervi una stupita ironia e allora capiva che Anna avrebbe voluto essere baciata e poi scherzare col babbo come quando faceva il pane e veniva colta di sorpresa. Ma il babbo finiva col fissare il cielo alto sul giardino e Anna se ne andava imbronciata dopo averlo colpito in faccia col fazzoletto lasciando l'altro sulla tavola, quasi un pretesto per tornare nella stanza. Il cielo si incupiva a poco a poco. Bruno osservava il babbo e non riusciva ben presto a comprendere quali sentimenti corrispondessero all'atteggiamento del suo volto: se fosse stanco e abbattuto e se ne dolesse e ripensasse ai momenti migliori della sua vita e si vedesse sorpreso lui stesso baciare con giovanile malizia abbracciare di sorpresa Anna e baciarla; oppure se deliberatamente volesse far inquietare la mamma e prendersi giuoco di lei. In cielo incupiva a poco a poco e il fazzoletto giallo spiccava sempre di più sulla tavola bianca, incupendosi col cielo; e i fiori o il gallo diventavano quasi neri, e corposi, e veri; appassivano lentamente i primi, piombava in un torpido sonno il secondo[41]. La mamma rientrava in cucina e con un gesto toglieva il fazzoletto dalla tavola, senza riuscire a cancellarne subito quelle immagini. Si avvicinava al babbo che ora[42] la prendeva, la piegava sulle ginocchia e la baciava, talvolta silenzioso e mesto, tal'altra ridendo scherzosamente. Pietro disse che la grave questione da risolvere erano i funerali del babbo. La nonna, assecondata dal Fabbri e da qualche altro, voleva che vi partecipasse un prete e quattro cappuccini, ma Pietro e altri amici vi si opponevano decisi[43]. Ora Pietro guardava la nonna e il Fabbri, soprattutto quest'ultimo, con sprezzante ironia, riprendendo un discorso interrotto ma in cui i suoi avversari avevano ormai rivelato tutti i loro argomenti che egli riteneva sciocchi e puerili. La nonna sosteneva che il babbo era morto senza lasciare a proposito dei suoi funerali precise disposizioni e perciò essa non voleva assumersi una così grave responsabilità: del resto la presenza di un prete e di quattro cappuccini non avrebbe recato offesa alla memoria del morto né alle sue segrete convinzioni, che nessuno, negli ultimi giorni, avrebbe potuto dire quali veramente fossero, non avendone il babbo parlato con alcuno. Pietro ribatteva di saperne sul conto del babbo certamente più del Fabbri che non era mai stato amico del babbo e forse anche più della nonna stessa; il babbo gli aveva più volte detto, dopo che si era ammalato, di essere certo di morire e lo aveva insistentemente pregato, per la loro antica fraterna amicizia, di far rispettare la propria volontà ritenendo lui responsabile della grave offesa che si sarebbe altrimenti recata alla sua memoria. "Io voglio" diceva Pietro ripetendo accoratamente le parole del babbo "che il mio cadavere sia esposto in una camera ardente alla Società Operaia di Pubblica Assistenza, dove ho organizzato balli e feste, dove ho i miei migliori amici. Il feretro deve essere seguito da mia moglie e da mio figlio e, invece dei preti, dai miei due cani da caccia. I cani" aggiungeva Pietro "sono già in casa mia". La nonna si inquietava, minacciava, si faceva d'un tratto supplichevole. Pietro allora non più ironico cercava di persuaderla. "Il fatto stesso" diceva "che lei abbia lasciato il carro funebre presso la Pubblica Assistenza e sia venuta a cercar di me significa che conosceva la volontà di suo figlio e che da sola non aveva il coraggio di trasgredirla". In quei momenti di calma Pietro somigliava veramente il babbo, il babbo che si difendesse pacatamente e con accoratezza da accuse ingiuste e umilianti; e Bruno parteggiava per lui. Intervenne il Fabbri nella discussione e disse che un uomo della posizione sociale del babbo non poteva essere seppellito come un semplice operaio. I discorsi divennero più veloci e più aspri e il Fabbri tacque per sempre perché Pietro gli disse: "Lei è un mercante di cavalli e non può comprendere quanta gentilezza[44] c'era nel desiderio del babbo di esser seppellito da noi; siamo stati a scuola insieme, abbiamo giocato insieme, cacciato insieme e anche dopo che il babbo si era sposato ci aveva sempre riservato un po' del suo tempo. Egli non divideva gli uomini in operai e in padroni; era amico di tutte le persone per bene e io non ho mai saputo che lei fosse suo amico". "È amico mio" disse la nonna. "Questo non basta" le rispose Pietro "perché possa mettere bocca in una questione così delicata". Poi si rivolse ad Anna e le disse: "Da qualsiasi punto di vista si voglia giudicare, anche da quello religioso, lei è la persona a cui spetta di decidere".

Anna assicurò la nonna che il babbo, prima di morire, le

aveva più volte ripetuto di voler essere seppellito senza che alcun sacerdote o religioso partecipasse al funerale. Il babbo le aveva anche detto di volere essere seppellito a San Vincenzo, un piccolo cimitero posto a pochi chilometri dalla città, vicino ad una borgata, da cui prendeva nome. Questi desideri sarebbero stati rispettati scrupolosamente in ogni minimo particolare. La nonna pregò la mamma di riflettere ancora sulle sue decisioni, ma Anna rispose con malcelata asprezza che preferiva venir meno ai precetti religiosi tanto cari alla nonna piuttosto che tradire la volontà del babbo. Anche per lei ormai le pratiche religiose erano consuetudini ormai prive di qualsiasi significato. "Che cosa abbiamo ottenuto facendo battezzare Bruno" disse rivolta alla nonna. "Lo abbiamo forse salvato? Penso che invece lo abbiamo tremendamente offeso". Poi presi a braccetto, come per conciliarli, il Fabbri e Pietro pregò quest'ultimo di accompagnarli verso la Pubblica Assistenza. Vi trovarono altri giovani e alcune donne, fra cui la moglie di Pietro, che salutarono con rispetto ma anche con affabilità Anna. Essi estrassero la cassa dal carro funebre e la deposero su un catafalco, senza che alcuno avesse dato loro qualche ordine. Guardavano spesso Anna, sorridenti, non tanto per avere la sua approvazione, quanto[45] per manifestarle la loro gioia che essa si fosse trovata dalla parte di Pietro, che era la parte di loro tutti, uomini e donne. Un operaio che era in maniche di camicia coprì la cassa con una bandiera verde che aveva nel mezzo una croce bianca, ma Pietro disse di togliere la bandiera: la cassa sarebbe stata aperta perché gli amici potessero vedere ancora una volta il babbo. Inoltre era caldo e il cadavere avrebbe sofferto meno in quella grande stanza aereata e rinfrescata da un ventilatore. Quando due uomini si accinsero a togliere il coperchio dalla cassa, la moglie di Pietro prese Bruno per la mano e lo condusse con sé. La sede della Pubblica Assistenza dava su una piazza secondaria, ampia e piena di alberi e d'erba. La stanza dove avevano messo il babbo aveva una porta verde, come quelle delle rimesse e delle stalle, e due piccoli paracarri ai lati. Soltanto allora, nonostante che avesse attentamente seguito la discussione avvenuta tra la nonna e la mamma, Bruno si ricordò del battesimo. La porta per cui il prete li aveva introdotti quella sera era uguale a quella che gli stava ora dinanzi. Si ricordò dei suoi timori, dello strano contegno di Anna e temette che tra la nonna e la mamma scoppiasse una lite irrimediabile per cui fosse impossibile tornare nella casa, di cui sentiva, come poco prima alla stazione, un gran desiderio. La piazza buia e deserta e la donna sconosciuta che lo teneva per la mano aumentarono il suo scoramento. Egli pregò la donna di ricondurlo dalla mamma, ma essa lo portò ancor più verso il centro della piazza. Ad un tratto si voltò: sulla porta della Pubblica Assistenza c'erano la nonna, la mamma e Pietro. Pietro chiamò la moglie e quando essi furono vicini disse ad Anna e alla nonna: "È meglio che veniate a casa mia che in quella del signor Fabbri". Tutti si mossero dietro di lui. Soltanto la nonna disse: "Avete fatto come avete voluto voi e io dormirò anche in casa vostra. Però promettetemi di non portare i cani al trasporto".

# Note

[1] Su *giori*, evidentemente errore di battitura.
[2] Su *esse*.
[3] Su *icomprensione*, corretto a matita.
[4] Su *acacie*, corretto.
[5] Su *i bracci*, corretto a matita.
[6] Il testo dattiloscritto in origine riportava: "che svelta si toglieva dal capo o con un mestolo o una ventola, e gridava di soddisfazione come una bambina. Ma era sempre il babbo a suscitare quelle fulminee lotte che per pochi momenti turbavano la quiete della cucina, grande e bene ordinata. Era dal babbo, forte e di due anni più giovane di Anna, che provenivano tutti gli incidenti, tutte le irrequietezze che variavano la consueta vita della casa", cassato a penna.
[7] Sul periodo "Poi essi...solo" l'autore ha tracciato una riga trasversale di cassatura.
[8] Parte del testo del periodo "Erano...tutto" è stato inserito a penna: in origine "Erano i giorni in cui non si recava con Anna verso la pineta".
[9] Su *scruro*, corretto a matita.
[10] Lo stacco nel testo è individuato con un segno orizzontale a penna.
[11] Su *blusa*.
[12] Il termine è sottolineato a penna ed è aggiunta una *s* iniziale.
[13] Inizialmente *delle*.
[14] Su *fisciava*.
[15] Il termine è sottolineato a penna.

[16] Sul margine sinistro del dattiloscritto l'autore appunta a penna: "fare riferimento alle ville nelle prime pagine".
[17] Lo stacco nel testo è segnalato con un tratto orizzontale a penna.
[18] Nel testo segue parentesi quadra con inserito in margine a penna: "passeggiate di prima fuori delle mura".
[19] *Vita mondana* sottolineato a penna.
[20] Nel margine sinistro Bilenchi annota a penna: "fare riferimento alle prime pagine".
[21] Il testo originale proponeva "oltre ogni limite", cassato.
[22] Datt. "che gli sfilavano dinanzi", cassato con matita verde.
[23] Nel margine sinistro è segnato a penna un grande punto interrogativo.
[24] Periodo inserito *ex novo* a penna alla fine del paragrafo; i termini *desiderata* e *difficile* sono sottolineati.
[25] Sul margine sinistro Bilenchi appunta in penna: "Anna non aveva amici?".
[26] Con aggiunta di *giovane e bella*, cassato.
[27] Il testo dattiloscritto dall'inizio del cap. II alla fine di questo paragrafo è cassato con una linea trasversale a penna.
[28] Il periodo risulta cassato con una lieve linea trasversale a penna.
[29] Il testo reca anche *dei*, non cassato; si è preferita la lezione *di quei*.
[30] La sequenza "La prima sera...pensiero" risulta cassata da un segno trasversale a penna.
[31] Datt. *al babbo*, cassato a matita.
[32] Uso bilenchiano del pronome.
[33] Datt. *divideva*.
[34] Datt. *Sergio*.

[35] Datt. *suscitò*.
[36] In toscano *rotaie*.
[37] Su *stesse* datt.
[38] Segue *e toglierla*, cassato e sostituito in interlinea a matita da *e*.
[39] Datt. *sarevvero*, corretto
[40] Datt. "Guardava con stupita ironia la nonna e il Fabbri, come se avessero interrotto un contrastato discorso ed", cassato.
[41] Segue "in attesa di venire ucciso", cassato a matita.
[42] Nel dattiloscritto, poi cassato a matita: "la guardava davvero ironico,".
[43] Segue "a far rispettare quanto aveva loro detto più volte il babbo", cassato a matita.
[44] Con virgola che ci è parso opportuno espungere.
[45] Datt. *quando*.

# Nota al testo

Il frammento di romanzo qui proposto deriva da due blocchi dattiloscritti custoditi al Fondo Manoscritti dell'Università di Pavia: il blocco H ed il blocco L[1] che contengono rispettivamente il cap. I, monco dei tre fogli iniziali, e i capp. II-III con una parte del IV.

Alcuni riscontri di numerazione e di tematica hanno permesso di stabilire che si tratta di due parti adiacenti della medesima stesura. Infatti, il blocco H risulta numerato in alto a sinistra dal foglio 4 al foglio 6 con numerazione dattiloscritta; dal foglio 7 al foglio 20 le pagine sono state rinumerate a penna progressivamente con numeri da 13 a 26. È rimasta però ben visibile la numerazione da 7 a 20.

Il blocco L inizia con la medesima numerazione dattiloscritta collocata in alto a sinistra a partire da 21. È parso questo un elemento abbastanza probante per l'adiacenza dei blocchi H ed L.

Un'ulteriore conferma consiste nella successione di eventi che lega i blocchi: le passeggiate estive in H, l'autunno e la malattia che provoca la morte del babbo in L.

Sono però più frequenti gli interventi sul primo blocco con correzioni manoscritte e dattiloscritte, forse perché Bilenchi pensava di inserire la prima parte in una stesura successiva.

Si è ritenuto opportuno non rendere conto nelle note

di questi cambiamenti, non trattandosi di vero e proprio apparato, né quest'edizione proponendosi come critica. Si sono segnalati soltanto fenomeni ritenuti importanti a valutare il lavoro di varianti e le scelte dello scrittore, mentre si è provveduto a riportare per intero appunti e indicazioni di scrittura affidate ai margini della pagina, utili per entrare nel laboratorio del romanzo.

In generale le sostituzioni manoscritte, gli inserimenti in interlinea dattiloscritti e manoscritti e la punteggiatura manoscritta sono stati riportati nell'edizione perché ritenuti parte integrante della stesura. Se ne dà qualche esempio:

p. 26 ma essa > Anna *ms.*
p. 30 a guardare > a osservare *ms.*
p. 29 appena > da poco *ms.*
p. 103 dal suo primo incontro > da quell'incontro ms.

Quanto alle parti inserite in interlinea sia dattiloscritte che manoscritte vedi come esempio:

p. 30 entrava il babbo, > entrava il babbo di ritorno dalla cartiera, *ms.*
p. 37 della città > della città in cui aveva studiato *ms.*
p. 26 nella campagna i cui alberi > nella campagna che con i suoi alberi *datt.*
p. 28 fra quelle > fra le molte *datt.*
p. 108 si chiamava Antonio > si chiamava Fabbri *datt.*

Nell'edizione è stata inoltre inserita la punteggiatura corretta a mano sul dattiloscritto e non riportata quella cassata:

p. 26 sotto le mura rientrando in città > sotto le mura, rientrando

p. 105 violenti a coprire > violenti, a coprire

p. 29 l'intero pomeriggio, e poi > l'intero pomeriggio e poi

p. 29 se lo aspettasse, e ai leggeri > se lo aspettasse e ai leggeri

## Note

[1] La distinzione dei blocchi H ed L si riferisce alla suddivisione proposta da Maria Corti in *Nascita e crescita di un romanzo inedito*, in "Atti del Convegno di studi *Bilenchi per noi*", Firenze, Vallecchi, 1992, p. 124; lo studio è ripreso in M. Corti, Nota a *Un romanzo inedito di Romano Bilenchi*, in "Autografo", n. 28/29, ottobre 1994, p. 131

**Della stessa collana**

Paolo Volponi
*Scritti dal margine*

Vittorio Orsenigo
*Storie Zoppe*

Saverio Strati
*Melina*

Ida Desandré
*Vita da donne*

Giovanni Pellegrino
*Cavallopazzo*

Italo Svevo
*Faccio meglio di restare nell'ombra*

Francesco Leonetti
*Piedi in cerca di cibo*

Giuseppe Petronio
*Il piacere di leggere*

Rosaria Guacci e Bruna Miorelli (a cura di)
*Ciao bella*

Stampa: Grafica Bierre - Missaglia (LC)
maggio 1996